只要敢于梦想,你就一定可以做到。

——沃尔特·迪士尼(Walt Disney)

创意就是你的提款机

将创意带入市场的6个步骤

［美］斯蒂芬·奇 ◎ 著　李怀琛 ◎ 译

北京市版权局著作权合同登记号　图字：01-2012-3938 号

图书在版编目（CIP）数据

创意就是你的提款机：将创意带入市场的6个步骤 /（美）斯蒂芬·奇（Key, S.）著；李怀琛译. —北京：北京大学出版社，2012.10
ISBN 978-7-301-21388-9

I. 创… II. ①奇… ②李… III. ①商业经营 IV. ① F715

中国版本图书馆 CIP 数据核字（2012）第 238419 号

Stephen Key
One simple idea: turn your dreams into a licensing goldmine while letting others do the work
ISBN 978-0-07-175615-0
Copyright ©2011 by Stephen Key.
All Rights reserved. No part of this publication may be reproduced or transmitted in any form or by any means, electronic or mechanical, including without limitation photocopying, recording, taping, or any database, information or retrieval system, without the prior written permission of the publisher. This authorized Chinese translation edition is jointly published by McGraw-Hill Education (Asia) and Beijing University Press. This edition is authorized for sale in the People's Republic of China only, excluding Hong Kong, Macao SAR and Taiwan.
Copyright © 2012 by McGraw-Hill Education (Asia), a division of the Singapore Branch of The McGraw-Hill Companies, Inc. and Beijing University Press.

本授权中文简体字翻译版由麦格劳-希尔（亚洲）教育出版公司和北京大学出版社合作出版。此版本经授权仅限在中华人民共和国境内（不包括香港特别行政区、澳门特别行政区和台湾）销售。
版权©2012由麦格劳-希尔（亚洲）教育出版公司与北京大学出版社所有。
本书封面贴有McGraw-Hill公司防伪标签，无标签者不得销售。

书　　　　名：	创意就是你的提款机——将创意带入市场的6个步骤
著作责任者：	[美] 斯蒂芬·奇（Key, S.）著　李怀琛　译
责 任 编 辑：	樊晓哲
标 准 书 号：	ISBN 978-7-301-21388-9 / C · 0811
出 版 发 行：	北京大学出版社
地　　　　址：	北京市海淀区中关村成府路 205 号　100871
网　　　　址：	http://www.pup.cn
电　　　　话：	邮购部 62752015　发行部 62750672
	编辑部 82893506　出版部 62754967
电 子 邮 箱：	tbcbooks@vip.163.com
印　刷　者：	北京同文印刷有限责任公司
经　销　者：	新华书店
	787 毫米×1092 毫米　16 开本　12.25 印张　176 千字
	2012 年 12 月第 1 版第 1 次印刷
定　　　　价：	35.00 元

未经许可，不得以任何方式复制或抄袭本书之部分或全部内容。
版权所有，侵权必究
举报电话：010-62752024；电子邮箱：fd@pup.pku.edu.cn

目录
CONTENTS

前　言　费里斯效应　　/Ⅶ

引　言　一个简单创意引领我过上梦想生活　/Ⅸ

前　篇　简单创意的藏金量

　　如何创造自己的梦想生活　/3

　　　　真的这么容易吗？　/4

　　　　我的创新之路　/7

　　　　欢迎来到创意新世界　/11

　　开放式创新的魅力和机遇　/13

　　　　全球效应　/14

　　　　先来者胜　/17

　　CEO 和 CIO，哪一个更适合你？　/21

　　　　自主生产简析　/22

　　　　特许授权 123　/23

步骤一　找到你价值百万美元的创意

寻找有市场潜力的创意　/29

　　几个实用窍门　/30

　　市场调查　/31

　　发现沉睡的恐龙　/35

变得富有创意吧！　/36

　　追随你的激情　/37

　　探索超市和杂志　/38

　　创意游戏　/39

不善于创意？那就做个产品猎手　/42

　　成为特许权专家　/43

　　找到适合自己的领域　/44

　　确定热点市场　/44

　　专注于你能授权出去的创意　/45

　　合同确认　/46

　　何处寻找有市场前景的创意　/47

怎样选出最好的创意　/52

　　好创意的四个特征　/52

　　找到有过成功经验的人　/55

　　在一天内成为任何行业的专家　/57

　　相信你的直觉　/58

步骤二 如何证明你的创意有价值

你的创意有市场吗？ /63

面向市场创新 /64

评估创意的市场潜力 /66

你的创意该如何生产？ /68

创意在生产和成本上是否可行 /69

如何确定生产方式和成本 /70

为生产和盈利而设计 /72

需不需要制造原型 /73

原型的类型 /75

制作廉价原型 /77

步骤三 如何保护你的创意

保护创意的妙招 /85

专利申请的一般过程 /86

临时性专利的作用 /89

发明者日志：证明"首先发明"的必要手段 /90

怎样获得一项专利 /92

控制过程的每一步 /99

分享创意前的必要防范措施 /100

宣传的时机 /102

步骤四　如何给你的创意定位

推销创意的工具　/107

　　制作敲门砖：价值陈述　/108

　　撰写促成交易的宣传单　/111

工作创意两不误　/115

　　将梦想融入生活　/115

　　树立专业形象　/117

　　不必事必躬亲　/118

步骤五　如何将创意提交给潜在授权对象

摆脱恐惧　/125

　　害怕创意被盗用　/125

　　害怕电话推介　/127

　　害怕表述不清　/129

　　害怕被拒绝　/131

　　害怕失败　/132

寻找成功之门　/134

　　如何寻找潜在的授权对象　/135

　　专注于最优选择　/136

　　找到合适的联系人　/137

叩开企业之门的电话　/139

　　为什么电话推介是最好的敲门砖　/140

　　　　电话推介的正确方法　　/141

　　　　另辟蹊径　　/150

步骤六　如何将创意推向市场

　　成交　/155

　　　　公平地谈判　　/156

　　　　达成双赢的特许经营协议　　/157

　　　　完整记录　　/164

　　梦想成真　/166

　　　　天堂上的婚姻？　　/167

　　　　让创意和收益源源而来　　/174

致　谢　/177

前言 PREFACE

费里斯效应

早在 2003 年，当时我正在教授一门"从创意到市场"的课程，一个打扮得不像是学生的学生引起了我的注意。他常常头戴摩托车头盔，穿着紧身的皮衣皮裤。他通常会在别的学生都就座后才走进教室，然后环顾四周，选择一个他认为最舒服的位子坐下来听课。他偶尔会点点头，或用深邃的目光瞄着我和我的搭档安德鲁，而我们就站在教室的前排讲授课程。我有一个感觉：他一定把我们讲的每一个故事、每一个数据、每一个战略都记了下来，并仔细品味。

每堂课结束后，学生们都围拢过来，急着提出各种各样的问题，但他，蒂姆·费里斯（Tim Ferriss）却从不在这方面浪费时间。

"我们出去喝一杯。"蒂姆提议，"我想聊点别的。"

起初我拒绝了，但他执意邀请。他想搞明白我是怎样成为一个老板，还让数以千计与我素不相识的人为我工作。最终我妥协了，多少是因为招架不住他的喋喋不休，我就同他一起出去喝了几杯。蒂姆是我见过的最执拗的人。他刨根问底地问我是怎么做的，如何才能把我的经验和他的生意结合起来。我知道蒂姆是做膳食补充剂的，他和许多企业家一样通过成立公司来生产和经营产品。现在他想借用我的办法，即授权他人生产和经营自己的产品,而自己退居幕后收取特许权使用费。

后来蒂姆开始环球旅行,并定期打电话来向我咨询怎样把萎靡不振的公司转变成活力四射的赚钱机器。2005年的一天,正在阿根廷学习探戈的蒂姆打电话告诉我,他正在写一本书,请我读一读已经完成的部分。

蒂姆的书最后取名为《每周工作4小时》(The 4-Hour Workweek)。这本书很快就爬上了《纽约时报》畅销书单榜首的位置。蒂姆从课堂上汲取的知识帮助他形成了这本书的核心理念。在书中,他提出了"生活设计"的概念,并把自己描述成"新贵"——那些摆脱了激烈竞争,成功找到出路,过上自己想要的生活的人。

教书一直是我在产品开发之余的副业。但在蒂姆的书出版几个月后,来报名参加课程的学员急剧增加起来。"喔!"有一天我回家和妻子说,"我们还真要全心投入到这件事上来了。"

由于"费里斯效应",学生的数量一直在上升。我现在的学生来自30多个国家,包括澳大利亚、玻利维亚、哥斯达黎加、智利、挪威、冰岛、新加坡和加拿大;我教授的方法在世界各地都有成功案例。

我的学生一直渴望了解《每周工作4小时》中没有提到的内容,即我在课堂上和本书中将要讲的东西。在过去30年里,我的生活就是把创意"出租"给大公司。我做的事情和操作方式都很简单,但也遇到了不少困难。无论如何,现在因为提倡"开放式创新"(不论教育背景和出身,每个人都可以创意),实现这一过程比以往任何时候都要来得容易。

我妻子的主要工作之一就是传授我的策略,引领他人不断创新,成为自己的老板。我把自己的教学材料以通俗易懂的语言写出来,无论你是从我这里找到成功之途,还是无师自通,我相信越来越多的人会以这样的方式来设计自己未来的生活。

虽然蒂姆是受了我的启蒙,但他后来又在很大程度上帮助了我走向成功。

蒂姆,下次来我的家乡,我请客,大家一起喝一杯。

一个简单创意引领我过上梦想生活

我叫斯蒂芬·奇,是一个成功的商人和"授权经营专家"。我没有获得过工程、营销或商业等方面的学位,也不是哪家大公司的老板或被大公司雇用。事实上,很多公司在为我工作。它们把我的产品带入日常生活,而我所要做的就是收取特许权使用费,不断产生新的产品创意,和我美丽的妻子及三个孩子过上我一直梦想的生活。我写本书的目的就是让你懂得,你也可以过上同样的生活,实现同样的价值。

在讲述如何把创意引入你的生活之前,我先简单介绍一下自己吧,因为我觉得我们或许会有许多相似的地方。从小我就梦想成为一名企业家,但我并不想在大学里花上四年或者六年的时间专门研究如何创立或管理一家企业。我不想经营公司,每天面对大量的雇员、预算、债务和各种令人头疼的麻烦事;我不想像企业主和白领一样活着就是为了工作。实际上,我工作是为了创造生活,活得惬意。我最想做的就是创造新产品,体验快乐,周游世界,成立家庭,享受生活!

这就是将近30年来我从事的事情。从创业开始,我就一直期待有人告诉我这场游戏的秘密——本书将要揭示的内容。

我作为商人的初次冒险,是设计毛绒动物和人物形象,然后在艺术展或大型交易会上兜售它们。这是我产品设计的第一课。生活总是现实的,当你急着交房租、饥肠辘辘,而自己几个小时辛苦做出来的产品又卖不出去的时候,你一定想要另谋出路。

不久以后,玩具公司的人开始关注我的创意,我开始以自由职业者的身份为达肯(Dakin)公司设计产品。随后,我在幻想世界公司(Worlds of Wonder)获得了第一份真正意义上的工作——定期领工资的工作。我设想自己可以白天在公司上班,晚上做兼职设计,以获得双份的收入。然而不幸的是,我在产品生产上所花费的时间远远大过用于设计的时间。作为幻想世界公司设计部门的领导,我要同时为几个热门产品做设计(不是创意,仅仅是生产和设计),包括泰迪熊华斯比(Teddy Ruxpin)——世界上第一款会说话的泰迪熊,雷瑟水枪(Lazer Tag)——1986年的销量冠军。我经常研究这些新的产品创意,并认为我可以做得更好!

这样过了两年,我离开幻想世界公司,成立了自己的玩具创意、设计和特许经营公司。有一阵子,我要一边交房租,一边为迪士尼(Disney)、阿普洛斯(Applause)、达肯和幻想世界等公司做兼职设计。但现在我只需思考创意并将自己的创意产品授权他人经营。

我已经在玩具、酿造、音乐、装饰和制药等多个领域做了20余项产品创意授权。迈克尔·乔丹(Michael Jordan)和阿历克斯·特里贝克(Alex Trebek)还曾是我两款产品的形象代言人。我的创意产品一共卖出了5亿多件,创造了数十亿美元的销售收入。我还是真人秀节目《美国发明家》的顾问,上过CNBC(美国全国广播公司财经频道)电视台的专题节目《多尼的大智慧》。我受邀在美国专利商标局(简称PTO或USPTO)、斯坦福大学、艾迪欧(IDEO,世界最大的设计公司之一)进行演讲,为数千人讲授如何使用"发明"战略。

我的产品创意有的看起来简单,有的看起来不合逻辑,有的还能起到救生的作用。在我看来,好的创意都是平淡而简单的。我想到了一种带有吸盘的"情人节"镖盘,上面有个标识,写着:"我被你迷住了!"这个创意让我收到了1万美元的预付款。我重新设计了普通的灰色吉他拨弦,赋予它多种颜色和形状:水滴状的、骷髅状的……或者刻上品牌和艺术家的名字(比如斯威夫特),用作市场宣传的配套销售产品。这个简单的创意卖出了2000万件,售价从25美分到1美元不等。

我最得意的早期创意之一是一个小小的篮板,它的造型就像一个篮球运动员伸出自己的胳膊撑起了篮筐。俄亥俄艺术公司(Ohio Art)获得了这个创意,第一年就卖出了100万个带有乔丹形象的乔丹壁式篮球架。我最成功的创意之一是旋转标签,它使瓶体标签的信息量增加了75%。这个创意在全球销售了4亿份。用制药商阿卡迪奥(Accudial)最新的宣传用语来说,旋转标签在全国范围内防止了近3万起儿童用药过量或不足的事件。

每一天,我都会向生产厂家提供6个创意。和我的学生一样,我一直在创新的道路上不断前进。

我享受了创意的美妙时光,并能够把创意"出租"给制造商。这一过程如此有趣,令人激动。我从未厌倦或才思枯竭过。我从不担心需要为别人工作,也不担心收入,虽然我认为从传统意义上来讲,自己不是一个会赚钱的人。

我的许多朋友都在终日苦思如何增加财富,他们沉迷于投资和减税。我一点儿也不关心这些,我对为赚钱而赚钱毫无兴趣。股市崩盘,我不受影响,因为我不炒股;经济萧条,我也无忧。我有两个孩子在伯克利就读,另外一个在俄勒冈大学上学,我可以毫无压力地支付他们的学费。

妻子和我没有任何债务,现在我们居住在加利福尼亚的莫德斯托(Modesto),那是一个被农庄和葡萄园环绕的小镇。因为妻子工作的原因,我们在20年前搬到这里,周围的环境非常适合孩子们的成长,而我在任何地方都可以工作。我的办公室离家大概几英里,有一个雇员在为我工作。

我们可爱的家是普通的社区住宅,我们买下了这所房子,邻居们很友好。虽然我们的住所并不华丽,但这是我们自己的选择。我们不过"实用主义"的生活：我们的汽车是使用现金全款购买的，非常昂贵。我们的"非实用主义生活"还表现在，有时我可能1个月都不去办公室，孩子们也不去上课，而是跟着我到非洲旅行，甚至，我会花上6个月的时间与他们一起环游美国。

　　有时我无法相信，我已经如此生活了将近30年，靠着我现在的工作赚得了这么好的生活。当然，一开始并不容易，我也经过了很多艰苦的努力，并且收获了很多很多。我赚了很多钱，也经历过失败，但我从未退缩。

　　其实，每个人都能做到我所做的一切。我没有工程或营销的背景。我的创意，有些不错，有些很普通，有些很糟糕。不要在意你的创意是否杰出，是否足以改变世界，你不需要辞去工作就可以开始自己的创意和产品授权之路，你需要的只是一个简单的创意，以及让创意转变成消费者喜欢的、生产商愿意为之营销的产品的能力。

　　我从事这项事业多年，教授数千人如何"正确地发明"。借助本书，我和你一同分享这一非常简单的创意战略，这样你也可以凭借出色的产品创意和特许授权过上自己的梦想生活。

前 篇
简单创意的藏金量

你愿意为自己工作,做自己想做的和爱做的事情吗?或者你愿意拥有充分的时间、精力、资源和自由去过自己梦想的生活吗?

你需要的只是一个简单的创意,以及一个让创意走向市场的便捷途径。

如何创造自己的梦想生活

你是一个具有创造性的人吗？你是否常常希望采用新的方法，以便能够更好地完成工作？你希望以更有效、更赏心悦目、更美观或更有趣的方式把事情做好吗？你是否经常想改进自己使用的产品和服务，让它们变得更富吸引力？你想过自己就是将这些创意带入生活或以此为生的人吗？

或者，你是世界上众多失业者中的一员吗？你是否希望自己的生活不会因为一次背运，如失业或疾病，就一蹶不振？也许你是无数半失业者中的一个，勉强维持着生计，但已厌倦了毫无前途的工作，那么，你希望找到工作之外的一条致富之路，让自己衣食无忧吗？你梦想有一份工作可以释放你的才能，发挥你的潜力吗？

或许你跟我一样，知道生命短暂，不想把时间浪费在偿还账单或养老储蓄上；你只想投身于自己喜欢的行业，充满激情地去工作，以获得实现个人价值的资源和自由，然后与家人和朋友一起度过愉快的时光，去旅行，去享受生活。

这就是我想要的生活和我正在做的事情：寻找创意，授权给各家公司，然后过上自己想要的生活。我把创意"出租"给别人，他们负责制造和营销产品，而我只需收取"租金"并继续做我喜欢做的事情——生产创意。

每天有数以万计的人在为我工作：球童、出纳、卡车司机、装配工、会计、营销经理、销售代表、研究人员、人力资源经理，以及俄亥俄艺术公司、雀巢、吉姆·比姆（Jim Beam）、玩具反斗城（Toys "R" Us）等公司的总裁和首席执行官们。他们负责研发、生产、营销、客服、财务和其他一系列保证生产与销售的活动,而我不需要参与其中。我的创意带动了他们的生产,启动了他们强大的经济力量。我找到了让这个体系为我工作的途径,而不是我为他们工作。

仅仅需要一个简单的创意——能被市场接受的创意,你便能做到这些。

我之所以说"每个人都可以做到"是因为"开放式创新"正在重新构建世界商业体系。过去,绝大部分的产品和服务创意都来自企业内部或大型设计机构,极少有大公司考虑来自"外来者"的创意——比如像我这样一个没有工科、商业或设计背景的家伙,有的只是创造新事物的爱好和热情。现在也许是历史上的第一次,各大公司开始认为也许(仅仅是也许)它们并没有把天下所有聪明的人都网罗进来,并且明白它们能够(也必须)接受来自外部的创新型思维。

关于"开放式创新",你或许可以找到不少这方面的书籍,但本书会是第一本告诉你为什么"开放式创新"对你很重要并教你如何利用它变为成功的企业家的书。今天的公司需要一些这样的人:无论你是家庭主妇、卡车司机、航天工程师、教师,还是拥有博士学位或是高中辍学的人,只要你能够带来新颖的、革新的或富有活力的产品和服务,你的背景无关轻重。你需要的只是一个简单的创意,一个让创意走向市场的策略。

▶ **真的这么容易吗?**

你的大脑中一定充满了"可能吗?",我知道你会这么想,也非常理解。我和你讲的以及将要讲到的东西,会与常规的思维大相径庭。稍后我将阐述我的那些逆转了传统思维方式并超越传统创新方式的策略。在此之前,还是先让我们梳理一下那些持否定态度的疑问吧。

难道不需要成立一家公司吗？

你不需要特地去成立一家公司来感受创新带来的震撼。在本书的第三章，你会了解到，将你的创意授权给他人经营，可以让你专注于任一行业里最令人激动的部分，而把其他艰苦繁杂的工作，比如生产、营销、物流等工作交给他人去做。

我需要辞去工作吗？

完全没必要。除非你有足够的热情把创意和授权作为一种职业，已经完成了几个成功的项目，并有了几笔不错的收入，否则，我建议你不要辞职。我一直告诉我的学生特许授权是一个数字游戏。大多数人都需要创造出很多创意，才能获得一个可以授权出去的创意。寻找到被授权人和让创意进入市场是一个漫长的过程。

这项工作最迷人的地方是，它不要求你每周工作 40 小时，即使对那些愿意把它作为全职工作的人来说也是如此。无论是决心踏上创意之路还是仅仅把创意作为爱好和日常工作的补充，我的特许创意法让你只需每周拿出 10 个小时甚至更少的时间。

我需要申请专利吗？

基本不用，但在某种情况下需要。根据我的经验，你不必冒很大财务风险去创新。你不必抵押房产或倾尽养老金账户去为你的创意申请专利，那不是授权创意的必要条件。要知道现代产品更新换代速度快，生命周期短；如果你花费大量的时间和金钱去获取一项专利，那就很有可能会失去商机。

如果你认为申请专利能够保护你的利益，就大错特错了。谁先进入市场，谁就先得到承认。这才是保护自身利益的最好方法。在步骤三中，我会告诉你怎样打专利牌。我自己也获得了十几项专利。

现在你要明白专利不像你认为的那样重要。是否需要申请专利取决于创意／发明本身。

这么做是不是很难？

相比我第一次授权创意给大公司的时候，现在的外部环境要好得多。现在的市场和产品需求变化很快，企业要想跟上市场的脚步，靠自身是远远不够的。许多公司开始向你和我这样的独立产品开发者敞开大门——这就是"开放式创新"。看完本书，每个人都可以轻松地进行创意和授权。

我没有创意怎么办？

每个人都有创意。你自己就是一位消费者，是吧？出于消费者的天性，你对居家、工作、娱乐时购买的产品和服务必然有许多自己的想法与意见。这样，你就具有了一定的创意思维，而这些创意就是某些公司极力想要的。这些公司将帮助你开展独立的商业活动，但同时，你无须真正去成立和经营一家公司，无须考虑人员、设备、开支等问题。你只需要学习如何把创意转变为有市场前景的产品，怎样以适当的方式授权给适当的人。

如果你觉得产品创意确实不是自己所擅长的事情，那么你还可以作为中间人来参与创新活动，也就是成为产品猎手，成为把人们的创意和企业的需求联系在一起的人。

其实，创意不需要振聋发聩，不需要改变世界。只需对已有的产品进行一些微小的改动或者渐进式的改善，便能从中获得巨大的利润。

我从事创意活动已经几十年了。我知道从何处获得创意、怎样获得创意。我不但会告诉你如何形成创意并从中选出最适合特许授权的那个，还会让你学会如何发现那些急需创意的产品和领域。

我该怎样开始呢？

我父亲在通用电气工作了一辈子。他是一名项目经理，热爱自己的工作。他从未认为自己每天是去上班，而是认为每天都在从事自己所热爱的工作。当我20多岁，奔波于集市售卖自己制作的玩具时，父亲告诉我："找到自己能够激情投入的事情，并把它变为一项事业，你就一生不用工作了。"

所以我在教学时首先让学生找到激情。如果你喜欢体育，就从那里寻找创意，帮助改进现有的产品；如果你痴迷于园艺、宠物、维修、育儿、音乐或者是家装，那里就是你的用武之地。你的热情会推动你前进，这是一个有趣的过程。

有时我会工作很长时间，因为我热爱自己的工作，但是，和父亲一样，我从未感到自己是在工作。而有时我加班工作则是为了确保我的款项能够到账。

我很高兴自己接受了父亲的建议并试图做得更好。父亲虽然热爱工作，但他不能控制它。当父亲被解职的时候，他多年的忠诚服务在庞大的经济组织面前显得那么无力。如今，我也热爱自己的工作，但我不会把鸡蛋都放进一个篮子里。我会把它们分散开来，放到不同的地方以降低风险。更棒的是，当我需要用到它们时，会得到源源不断的供给。同样地，你也可以拥有这一切。

我喜欢给自己打工的感觉，喜欢创新产品，热爱依靠创意授权赚钱的生活。我非常愿意帮助你做同样的事情。这些仅仅需要一个简单的创意。

现在，就把你的热情变为一个简单的创意吧！然后按照本书的步骤把创意带入市场。

▶ 我的创新之路

上大学的时候，我并不想成为一个雄心勃勃的商科学生。我只想放松、玩乐和制作物件。直到父亲给了我关于激情的启发，我才意识到凭借优秀的创意和双手，自己能够成为世界上最富有的人。

我从圣塔克拉拉大学的商科转到圣乔治大学读艺术课，尽管在绘画和雕刻方面，我可能不如同班同学那么在行。几年后，我开始用缝纫机制作毛绒玩具，并在加利福尼亚举办的展会上出售它们。看到顾客因玩具滑稽的样子而笑起来，是我最开心的时刻。在别人看来我是一个彻头彻尾的失败者,但我喜欢自己工作的每一分钟。唯一令我烦恼的是为了能做我想做的事情,比如结婚、买房子和养活家人,我确实需要更多的收入。

这段时间里,我和父亲还有一段谈话。这一次父亲给了我另一个最重要的建议。他虽然自己没有身体力行,但他看到自己的雇主——通用电气是这么做的。他告诉我:

做不必亲临现场的事情;
做不必亲手操劳的事情;
保证它有"倍数效应"。

起初我不理解这些话的含义。但经过多年的摸索后,我想通了。

下面就是我在其后的经历:我知道自己不能再局限于展会圈了。所以在我27岁的时候,鉴于有学习艺术的背景,我在一家刚成立的玩具公司——幻想世界公司谋到了自己的第一份工作。在不到一年的时间里,我就奠定了在生产和设计团队中的地位。这个团队设计了幻想世界公司最畅销的玩具——会讲故事的泰迪熊华斯比。孩子们很喜欢这个会讲话又会眨眼睛的小熊。父母们只要在它的背部放上一盒磁带,它就会吸引孩子们坐下来听它讲故事。仅在1986年,幻想世界公司就卖出了500万个泰迪熊华斯比。我们曾一度成为世界上第五大玩具公司。突然之间,我的前途仿佛变得一片光明。

但你可能很难想象我在飞行了13个小时后降落在香港时的样子。由于时差的原因,我面容憔悴、情绪很差,感觉自己像是降落在了月球上。炎热潮湿的气候压迫得我喘不过气来。我勉强走进酒店房间后,就一头倒下爬不起来了。第二天,我来到位于中国的工厂。那里一天24小时不停地为我们生产玩具熊。我的工作就是监督从生产线下来的每一个玩具,它们看起来都非常完美。这些玩具熊就是钱,必须保证它们源源不断地生产出来。我的老板给我下了斩钉截铁的命令:"绝不能让生产线停下来。"

站在那条生产线旁,看着泰迪熊一个一个地从身边经过,我不禁想起了肯·福瑞斯特（Ken Forest）。肯创造了泰迪熊华斯比，然后授权给了幻想世界公司。每个人都知道他从中赚取了几百万美元的特许使用费。看着工人们的双手在棕色的毛绒纤维上快速移动的同时，这些数字也在不断地敲击着我的神经。

这种合作方式启发了我。想出创意的人赚取了大量的金钱，但他却不需要出现在这儿。我们只有在需要授权的时候才能见到他。他不用像我一样远离家乡飞过半个地球站在忙乱的工厂里。我最终明白了父亲建议的含义，懂得了倍数效应是什么。我突然意识到我不想像生产线上的工人一样按时上下班，我想成为肯一样的人，成为人群里最聪明的人。我要做的是收取支票而让别人为我工作。这个想法改变了我的一生——我的大多数创意都是自那以后出现的。

回到加利福尼亚后，我决定向公司的总裁推介我的创意。他微笑着，很有礼貌地倾听，但随后训诫我偏离了公司既有的产品线。我知道是该辞职的时候了。幸运的是，我已有多年作为自由设计师的经验和一批潜在的客户。我知道幻想世界公司需要我。我希望它能成为我的第一个客户，而幻想世界公司后来也的确成了我的客户。我还获得了我的女朋友也就是我现在的妻子珍妮丝的支持。她的薪水支撑着我们的生活，让我在作为独立产品开发者挣钱养家之前能够生存下去。总之，在各方强力的支持下，我成立了斯蒂芬·奇设计工作室，开始创作、开发、许可我的创意。

回顾 2000 年的春天，那一天佛罗里达州的博卡拉顿（Boca Raton）阳光明媚，我站在雷氏企业（Rexall Sundown）的一条生产线旁，看到旋转标签被不停地粘贴到数千个装有草本精华液的小瓶中，心中感到异样的紧张，因为生产的任何差错都意味着我的收入的减少。我能做的只有微笑。在这种全新的合作关系中，我终于站在了正确的一面。

生产线成了我的印钞机，就像肯多年前做的一样。最妙的是我不需要亲临现场，只在需要我的时候才会出现。我成了这场游戏的领头羊。通过"出租"创意，我成功实践了父亲的建议。我不必为了销售产品而接触消费者，只需让世界上几个最大的公司为我工作以产生极大的倍数效应。

这个故事中更令人不可思议的是，旋转标签并不是我的创意。我只是想到了如何生产它，而以前从没人实现过。我想说的是，你甚至不用自己创意就可以完成这项工作。

我是怎样成为一个能够成功授权创意的局外人的呢？我想这个问题值得回答，部分原因是我是个乐天派。我认为一切都是美好的。生活是美好的，充满了太多让我们高兴和激动的事情。我知道我也可以向人授权自己的创意。每当我在商店里看到货架上的商品毫无新意时，就感到自己可以做得更好。我曾为一家公司工作，亲眼看到它从肯·福瑞斯特这样的创意家那里获得特许授权。

我的思维让我有别于传统的发明家。早先我和其他产品设计者很少来往。我从不认为自己是一个发明家，因为我从来没有把自己和这个词等同起来。我不符合一个发明家的典型特征——我是个爱交际的人，不是在车库里忙着修修补补的人。自从人们开始称呼我为发明家时，我就决定退出各种发明家的组织。

我在首次参加发明家协会会议时就感到困惑，因为我没有遇到那些困扰着他们的问题。发明家通常是看到一个问题，然后去寻找解决的办法。那很好，但发明的出发点让他们过于执迷于问题本身。他们的会议往往因为寻找投资人和在申请专利上耗费的时间、财力等问题而吵闹不停。

我告诉我的学生不要在制作原型和申请专利上浪费时间。授权不像你想的那么复杂。创意授权的成功不限于大创意，小创意也行得通。产品的逐渐演进让产品更快地进入市场，产生更多的利润。这些创意并不需要你非得是个发明家。

最重要的是，我是一名消费者。我乐于走进商店，寻找各种有趣的商品。也许你也有同样的爱好。你喜欢购买电子产品、化妆品、玩具、器具、厨房用品，或者其他东西吗？如果答案是肯定的，你已经具备了去构建新产品或改善产品并授权出去的基本条件。

▶ 欢迎来到创意新世界

也许你听说过这句话：发明家是我们最宝贵的资源。我说创意才是我们最宝贵的资源。如果我们要应对世界上最棘手的一些问题，比如环保和疾病，我们必须有新思维。西方很少制造产品，但我们生产杰出的创意。大多数人不知道把创意从概念变为产品的简单的新途径。每个人都可以做到——包括你，特别是那些创新型人才，他们梦想成为企业家，开创自己的事业，把握人生的命运。

在这个世界中，最吸引人的是，你可以把自己的事业或爱好建立在商业中最具活力的部分——创意上。而你所需要具备的，就是对优秀产品和优质服务的渴望。

现在我向你解释一些大多数"专家"也没有搞清楚的事情。我的生活和我所教授的课程都基于一个简单的词语（你之前听说过并且本书中的这几页都提到过，但可能不明白）：特许授权。特许授权是一门大买卖。在美国，这一行业每年的产值是5000亿美元，比手机和出版业的总和还大。我预测这一数字还会继续上升。

特许授权的基本含义是把使用创意（知识产权）的权利以一定的价格授予那些掌握了大量经济资源的企业，并规定好使用期限。作为回报，企业每年4次向你支付"特许使用费"。每季度的特许使用费，有时候是企业为特许授权支付的一次性预付款，就是你收入的来源。特许收入有时是1000美元，有时是1万美元或10万美元。我的一个学生以此获得了几百万美元的收入。我的另一些学生仅有三个特许创意，但每个创意的年使用费为3万～4万美元。这是笔非常不错的收入。

认同我的说法吗？如果你来自顶尖的商科大学或学院，答案可能是否定的。因为这些毕业生经过了原来以生产制造为主的世界的残酷训练。对于他们来说，要想出租创意，无论是出租自己的还是别人的，必须得从自己成立一个公司开始做起才行。他们不晓得可以走另一条创业的道路。他们把大量的学费和精力用在如何从风险投资机构、投资人、银行或富有的亲戚那里获得投资。或许他们的企业能够通过现金流维持增长，但为了持续的增长，他们会变成人力物力方面的专家，为了争取比竞争对手更快更有效率，他们还要忙于保证资金流动、减税，以及不断压低租赁、电力、工资和法律顾问等方面的开支。

如果你有意愿和热情做这些事情，当然没问题。但是事实上你可能不愿意。即使你拥有开办公司的一切条件，或者你的创意多么好，你的生意仍有可能会失败。那些受过良好教育、具有很强能力的人开办的企业有过许多失败的例子，有的是因为他们不能像自己期待的那样承担起所有复杂的工作，有的是因为他们让风险过于集中，把所有的资源都投入到单一的产品和品牌上。更糟糕的是，有时他们的创意根本就不出色，生产的产品不受市场欢迎。不过，商业杂志上是不会刊登这些失败者的故事的。

我认识一位美国顶尖大学的教授。他开发了一项产品，并从投资人那里获得了数百万美元的投资，但10年后发现该产品根本没有市场。现在，他后悔没有预测到这一注定失败的结局，否则就不会把自己的血汗钱和投资人的钱赔进去。只能说这个学识和人品都很出色的人不适合做企业家，他更适合去做教学工作。

如果他了解过我的关于创意和市场的理论，他就会及早发现自己策略中的缺陷，从而避免损失。假如你决定自己成立企业，你仍然可以借鉴我的路线图，用来检验创意的适销性，避免付出时间及金钱方面的昂贵代价。

不久前，我受邀到斯坦福设计学院做演讲。世界各地有抱负的工程师和工业设计师都汇聚到这里，学习最顶尖的技术和工艺。为了学习如何让他们的创意（其中有许多都是杰出的创意）获得市场上的成功，他们支付了昂贵的学费。由于传统思维的限制，他们无法理解我讲述的故事。实际上，他们注视着我，就好像我长了第三只眼睛。不过后来，他们中的许多人都向我做了咨询。

还有一次，我给一家顶级工业设计公司讲课。我担心自己可能被撵回去。每个公司都想留住最杰出的人才，但我告诉那些才华横溢的设计者要逃出雇用的牢笼。我向他们解释了如何为创意寻找市场并把他们的雇主排除于这一过程之外。

想要往某些坚信传统产品营销理论的聪明的头脑里灌输新思想，需要我投入很多的时间和精力。因为他们很难相信，会有如此便捷的道路实现这一过程。在他们看来，创意授权就像是诈骗。他们宁愿忍受加班工作、睡眠不足，然后再大手大脚花钱，拼命工作，也不相信创业的梦想可以更简单、更快捷、更容易地实现。

创意生活的本意就是简单。它始于一个简单的创意，并一直延伸下去。

开放式创新的魅力和机遇

过去10年，我一直教授其他人如何特许他们的创意——现在轮到你了，而且现在是最佳时机。由于互联网等新的手段和方法的出现，你无须顾虑制作产品原型或申请专利。特许授权正变得前所未有的简单。现代特许授权的内在动力，源于创新驱动的全球市场改变了传统的商业运作模式。

任何规模、任何行业的公司都清楚：不管是为了脱颖而出或仅仅为了能够生存下去，它们都必须迅速且持续不断地进行创新。昂贵的研发费用和经济资源的短缺是每个公司都要面对的事情，很少有公司能够做到以市场需要的节奏开发并生产全部产品。

另外，即便是那些"内部人士"也不得不承认许多最具创新性的点子都来自外部——比如你和我，还有真正购买和使用这些产品的人。正如你观察到的，市场上的商品每年都呈指数级上升的势头。

最后，相比回到研发实验室，经历漫长、复杂和昂贵的开发过程，企业利用创意授权可以更快速经济地生产产品。这些产品往往基于一个简单的创意，通常是对既有产品的改进和增强。

创意授权对企业来说是件好事情，可以帮助它们降低研发成本，缩短产品开发周期，并获得倍数效应。从本质上说，公司无须付出任何代价就找到了愿意为它们开发产品的人。

我刚进入这一领域的时候，并不了解从外部获得创意授权或"开放式创新"的概念。如果是在 20 年前，宝洁公司也绝对不会给我这样的机会。但现在，宝洁，这个世界上最大的日用消费品公司已经成为"开放式创新"的先驱之一。9 年前，宝洁公司设立了一个目标：从外部引入至少一半的新产品创意。几年后，它实现了这一目标。2009 年，宝洁公司获得了超过 100 件的新产品创意。正如负责公司开放式创新的副总裁杰夫·魏迪曼（Jeff Weedman）所言："我们无所谓创意来自哪里，只要它的目的地是我们这里即可。"

不仅是宝洁公司，世界上许多卓越的公司，像百得集团、福特、卡夫食品、三星电子以及许多其他的公司都向发明家们敞开了大门。

▶ 全球效应

创新是全球经济发展的动力。一件在美国、英国、日本或德国畅销的商品，由于互联网的作用，可以很快出现在世界的各个角落。一个新产品出现后不久，总会有人对该产品提出更高的要求：创造新功能和新改进；改造产品以适应新的用途、新的人群、特定的区域和市场；让产品变得更好、更精致、更简单、更便宜、更美观、更环保；以简单有利的方式升级产品；等等。

机遇

在过去，一个国家的生产能力常常决定了它在全球经济中的地位：GDP 越高，占有的世界市场份额越多。现在这种情况已经发生了改变：富有创意的国家将统领世界经济。换句话说，一个国家掌握的知识产权越多，它享有的市场份额就越多。

知识产权是公司或个人法定拥有的无形资产，是一种智力产品——创意。知识产权涵盖多个领域的无形资产，包括：音乐、文学和其他艺术产品，创意、发现和发明，字、词、符号和设计。知识产权的所有者有权生产和销售，或授权他人生产和销售该智力产品。

美国占据全球市场的最大份额，其根本原因是美国公司拥有世界上大多数的知识产权。尽管美国制造业只占其经济总量很小的一部分，但美国的 GDP 仍为世界第一并且遥遥领先第二名。美国贡献了世界上大多数的创新，并把这些创新产品和服务销售到全球各地。

美国不仅拥有最多的知识产权，同时也是这些创意产品的最大市场。美国是世界产品、服务、工艺和技术的主要（可能也是最大的）买家。我们从世界各地，包括美国本土，购买和使用来自个人或公司的创意产品。今天的创新和消费都是世界性的。创新的力量不断更替，迫使企业不断快速推出新产品和服务。为了跟上市场的变化，许多企业向外部的创意人才敞开大门，为独立产品开发者提供了大量机会。

魅力

开放式创新的全球性影响不仅给企业家，给你我这样的独立创意人士提供了大量的机遇，还赋予了我们独特的优势。为什么这么说？有以下三方面的原因：

（1）我们贴近市场；

（2）我们受创新驱动；

（3）我们行动迅速。

重要的是，作为消费者，我们知道自己喜欢什么产品和不喜欢什么产品，我们也很清楚市场需要什么和不需要什么；作为企业家，我们努力提供新创意并改进现有的创意，我们致力于把创意变为产品，和世界分享并从中受益。由于我们本身不去运营企业，也不需要操心那些事，所以我们能够集中精力很快找到创意，从而使被授权的企业迅速将其转化为产品。不会有上司或官僚机构阻碍我们的创新和前进；我们不需要听命于管理委员会或向谁俯首帖耳；不用经历漫长的产品开发、构建模型、申请专利过程或等待各个部门和投资者的批准。

这就是开放式创新的迷人之处：不一定要有惊人的想法，只需一个简单的创意或对现有产品做简单的改进，搭上既有产品的顺风车就能让你占尽先机。你不必推销自己的创意或开创市场，因为产品的市场已经打开；你也不必创造或重新创造全新的产品。这种方式是成功授权创意的最便捷的途径。就公司推出新产品而言，对既有产品进行简单的完善往往是一种最容易、最经济、最快速和最赚钱的方式。

你也许认为它们自己也能想出这些创意，但实际情况并非如此。我完全相信大公司有时太关注于已有的产品，而忘记了还可以有更好的创意；有时它们还会对到手的好创意熟视无睹。大公司里有太多的部门和委员会，让它们做发散性思维或稍微突破常规都是很难的事情，而这恰恰是产生那些可行且赚钱的创意的源泉。在这些公司里，每个人都有自己的想法，但没有人能掌握整个过程，没有人能了解整体情况。

作为消费者和创意专家，你不仅有更广阔的视野，还知道自己的创意如何定位。你了解市场，并且知道如何开始创新——从一个简单的想法开始。

有许多创意等你去发现。你必须用独特的视角思考问题，仔细观察你用的、玩的或在杂志上看到的产品，开放心灵，寻找让你激情澎湃的简单创意。有感动，才能"适当地创新"，才能找到愿意为之获得授权的公司。

这里我想到了开放式创新的另一大优势：它是一个通用策略。各种公司都可能是你的潜在授权对象。中型公司通常是创意授权的理想对象。它们不缺资源，最有可能利用你的创意在市场上占据第二或第三的位子；小公司由于资金和其他资源的限制，将你的创意推向市场的可能性要低一些；虽然一些大公司会对你的创意感兴趣，但它们更可能将那些不属于它们的创意买下来，而非"租借"创意。当大公司对独立产品开发者或设计公司的创意感兴趣时，它们典型的做法是买断这些创意（专利）。与此相似，如果它们对小公司开发的创意感兴趣，它们更愿意买下整个公司。

所以我建议你找到市场上处于第三或第四位置的公司，向它们介绍你的创意会帮助它们成为行业内数一数二的公司。但是不能只根据公司规模排除授权对象，因为任何销售同类产品的公司都可能成为你的客户。

▶ 先来者胜

高新技术、互联网和消费主义在推动全球创新的同时也加快了创新频率。今天，新产品以令人眼花缭乱的速度进入和退出市场。产品的生命周期比以往任何时候都短，把创意推向市场的最佳时机不断缩减。在这种情况下，先进入市场的将取得最大的胜利。

货架的秘密

忘掉制作原型！忘掉申请专利！忘掉开办公司！

如今，创新驱动型经济的焦点是货架——要抢在别人之前把你的创意产品摆在消费者面前。所以最简单和最快速的办法就是把你的创意授权给那些在百货超市占有一席之地的公司，比如沃尔玛、克罗格（Kroger）、百思百、坎贝拉（Cabela's）、家得宝（Home Depot）、玩具反斗城，或其他零售商店。

当然你的创意不必局限于消费品，也可以是为商业机构、政府部门、科学家购买和使用的产品或工艺。就个人而言，消费品创意不但是一件有趣的事情，而且有无穷的机会。即使经济处于萧条时期，仍有60%～70%的美国经济依赖个人消费市场。40%消费者的消费动机是随性的、由欲望而非必要消费所驱动。如果消费者需要某一产品，他们会希望立刻就拥有它。商业、政务和科学等领域的消费者不会耐心等待你的产品。

如果你采用传统方法让创意进入市场，就必须拿出所有的时间和金钱制作模型、申请专利、撰写商业计划书、筹集资金、设立和运营公司、拼命招揽零售商、和先期进驻的商家争夺货架空间。你要清楚别人也正在把同样或类似的创意推向市场。于是，在你还没有来得及进入之前，机遇之门"砰"地就关上了。

把你的创意授权给企业，并使之快速进入市场，占领货架空间。而且，产品入市的成本和风险被转嫁给了被授权人，毕竟新产品入市总是会有风险的。

制胜之道

成功的企业懂得货架的重要性。它们知道货架空间对同类产品是极为有限的，所以批发商和零售商都在这上面打主意。他们知道顾客想要的是：一个现实的产品、品牌、尝鲜。

为了保住货架空间和未来新产品的上市，聪明的企业不断创新，做市场的领头羊，争取在竞争中处于优势地位。领先进入市场的企业，占领货架空间，也占据了市场份额。为了货架和市场份额的增长，他们不断创新，不断抢占先机。

这些公司意识到开放式创新和创意授权能够让它们领先一步抢占市场，在货架上摆放消费者需要的产品。相信我，企业需要你的创意并从中受益。重要的是你也是受益人，要让自己成为领先者，比同类创意更先得到市场。

传统的创意进入市场的途径是：制造原型，申请专利，设立公司，这需要耗费许多财力和物力。在我看来，大部分创意并不适合采用传统途径，也不需要企业生产创意产品所需的一切条件。你只需接通它们的生产线，然后站在一旁看着就好了。企业会负责生产、营销、配送、客服和其他事务。你收取特许费，还不会失去创意的所有权。

特许授权让你的创意产品以最快的速度上架，为你带来收入。

小螺栓的大买卖

几年前，德怀特·德福鲁（Dwight Deveraux）找到我，希望我能给他的创意提出建议。德怀特是20世纪80年代汤米·图唐（Tommy Tutone）摇滚乐队的吉他手，也是一个吉他迷。他发明了一种固定螺栓，可以防止吉他在更换琴弦的时候跌落并能提高和保持琴弦的音色。拨弦乐器和吉他制作人库尔特·罗翰（Kurt Laubhan）帮他制造了原型。一个朋友的朋友把怀特介绍给我。他想了解如何保护他的创意，如何把创意推向市场。

我去了德怀特的家里。以前我是不会这么做的，但德怀特不仅是我朋友的朋友，也是我的邻居。他身有残疾，行动不便。他解释说，当更换琴弦时，琴桥（吉他上固定琴弦的金属条）会经常跌落，因为你需要一只手把持琴桥的位置，另一只手将新弦系到琴桥上。这个过程非常费时费力，而且跌落的吉他经常划伤表面。

德怀特向我展示了他的发明：首先，把琴桥两侧的螺栓换成他发明的固定螺栓。当松开螺栓更换琴弦时，螺栓还是固定在吉他上，防止吉他的跌落。在更换完琴弦后，可以通过调整螺栓的松紧来协助调音，获得完美的音色。这个过程只需要几分钟的时间。

德怀特的创意很简单。他担心：自己的创意有价值吗？他能保护自己的创意吗？没问题，我告诉他。实际上，他的创意棒极了。

我随后向他解释了我在开发、保护和授权创意时的做法。我帮德怀特联系了专利律师，告诉他该问什么样的问题，教他进行创意授权的途径，那就是我一直使用的，也是你将会在本书中学到的办法。

1998年，德怀特开始把发明授权给吉他部件生产商。皮特·维尔茨（Peter Wiltz）是他的一个老朋友和有名的吉他技术专家，经常随布鲁斯·斯普林斯汀（Bruce Springsteen）、老鹰乐队、滚石乐队做巡回演出。他把德怀特的发明带给世界上顶尖的吉他手。今天，德怀特的公司——Tone Pros——不仅生产这种螺栓，而且授权给那些为世界名牌吉他提供配件的生产商，比如吉布森（Gibson）和芬德（Fender）。Tone Pros 牌固定螺栓在四大洲 30 多个国家都有销售。

德怀特曾说"Tone Pros 比他的演艺生涯更成功"。他的简单创意让他过上了舒适的生活，并把他和音乐产业紧密联系在一起，为他所钟爱的乐器作出了重大贡献。

一方面，德怀特的故事是独特的。没有几个人能正好拥有资源、技能并成功地把创意产品推广出去。另一方面，德怀特的经历和我很相似，和任何有过成功创意授权经历的人很相似。你也可以书写同样的故事，因为德怀特的成功很大程度上是由于他把自己的创意授权给了占据更多市场份额的公司。

今天，世界上数以千计的企业——从中型公司到巨型公司——都在寻找类似的简单创意。开放式创新的需求和机遇前所未有。通过使用本书中教授的知识，授权创意变得更加容易。现在，是你加入开放式创新的最佳时候了。

CEO 和 CIO，哪一个更适合你？

创意多如牛毛。虽是老话，但也是严酷的现实。不能形成产品的创意在现实世界里是没多少价值的。创意产品应该具有销路，为消费者提供便利，为拥有者和生产者产生效益。现在，产品要想进入市场有两种途径：自己生产推广，或是找到企业替你做这件事。

自己生产推广意味着要创立企业，或者你已经有一家企业，只需改造和扩大工厂，然后生产、营销、配送产品和技术。那些是首席执行官（CEO）做的事情。当然，许多初创企业的创始人都拥有很多头衔：CEO、COO（首席运营官）、CFO（首席财务官）、产品研发副总裁、营销副总裁、物流主管、人力资源主管等。从产品生产到进入市场的整个过程中，你承担了所有的责任、风险和成本。你获得全部的收益或承受全部的损失。

创意授权的方式让你成为 CIO（首席创意官）而非 CEO。你只负责一种角色：创意。你的主要工作是提供新思路，企业的任务是把创意变为产品。由被授权人，而不是你自己，承担生产的责任、风险、成本和销售。作为交换，企业为你支付销售提成或特许使用费。

两种方式没有优劣之分。对一些创意，自己生产是推广产品的好办法。但对另外一些创意，授权则更加有利。我认为大多数创意都是企业家、独立产品开发者或普通用户在日常产品使用中想到改善产品的创新途径的，而特许授权能让改良后的产品更快、更好、更容易、更经济地进入市场。

像我一样的产品开发者通常更有兴趣和能力创造新产品而不是运营企业，所以创意授权更适合我们把创意推向市场。

不得不承认，不是每个人都适合担当 CEO。不是每个人都有能力、资源、意愿去创立、管理、经营企业。但每个人都可以想出企业愿意生产且消费者愿意购买的创意产品。

当然，创意各有不同。有些企业无法接受过于复杂、新颖或昂贵的创意，所以你只有自己生产、推广产品或不了了之。有些创意的生产和销售非常简单，那么自己独立完成也是非常不错的事情。

CEO 还是 CIO，哪种角色适合你和你的创意呢？这基本上取决于你的兴趣、能力、资源和创意本身，也取决于市场的需要。虽然仅凭一个简单的公式很难说明特许授权和自主生产，到底哪一个是更理想的选择。下面的公式是我们根据许多经验总结得出的，可以帮你做个判断。

简单的创意 + 现有技术 + 3 个以上市场竞争者 = 特许授权

特有的创意 + 新技术 + 1 到 2 家主要市场竞争者 = 自主生产

了解每种方式的要素有助于你决定自主生产和特许授权哪一个更适合你的产品走进市场。

▶ 自主生产简析

你的创意再简单，设立一家生产型企业也需要大量的专业知识、资金、物力、时间。除非你以前创办过企业或是已经在市场上站稳脚跟，否则这个过程将耗费数年时间，以及数十万甚至上百万元的资金才能让企业正常运转并推出新产品（盈利的时间可能需要更久）。根据美国小企业事务局（SBA）的最新统计数据，三分之一新成立的企业在运营的头两年内倒闭，一半以上的企业在运营后四年内倒闭。即便你的企业有幸属于两年后的另外 66% 或四年后的另外 34%，你的新创企业仍然必须经历同样的创业过程和同样的倒闭风险。这是个艰难的过程。

下面是创意走向市场经历的主要步骤。

研究市场：首要的事情是确定你的产品有没有市场，你的目标消费群体在哪里，你的竞争对手是谁，你的产品的独特竞争优势在哪里。

开发产品：通常包括设计产品和包装、制造和测试原型、申请专利。

确定怎样生产产品：需要什么样的材料、工艺、技术、人员、设备来生产和销售。你需要遵守哪些国家或地区的法律法规。一般来说，生产企业的管理成本比其他行业高81%。你需要彻底了解上述要求和成本开支的详细情况。

撰写商业计划书：这份综合性文件会提供依据证明，你的产品有可行的市场，你的企业有能力生产和销售该产品，你能销售足够多的产品以便盈利和吸引潜在的投资人。它应该包含一个生产和配送方案，一个营销方案和一系列的财务数据与预测。

融资：即便是启动一个小型生产企业也要耗费几十万美元，远远多于你通过投资人、房屋抵押贷款，或从银行、朋友和亲属的借款获得的资金。毫无疑问，资金不足是企业倒闭的最主要原因。

建立企业：你不仅需要获得执照、购买保险、添加设施，还需要购买生产、包装、运输产品所需的设备和材料。

努力开拓市场：如果你是市场上的后来者，想和最初占据市场的重量级对手竞争会异常艰难。无论你的创意多么优秀，无论你花费多少力气做广告营销或参加交易会（你需要在每一方面都下工夫），都很难打入已被占据的市场，更不要说获得一块能够生存下去的市场份额。

跟上市场的脚步：还记得前面讲到的全球化影响吗？它会一直跟在你屁股后面，强迫你跟上市场的发展趋势，否则就被淘汰。创新或出局，是这场游戏的新规则。

无论怎样，经营生产企业是异常艰苦的。即便你能运营企业，你对产品、流程和利润的控制度也是最低的。

▶ 特许授权 123

特许授权和自主生产的第一阶段一样：研究市场。对市场了解得越多，越有可能设计出企业愿意获得授权和消费者乐于购买的产品。去做一些市场调查和商品比对吧。

你要回答下面 6 个关键问题：

（1）谁是我的竞争对手？确定主要竞争对手和最弱的竞争对手。

（2）我的创意和市场上的其他商品相比有何异同？

（3）它能为消费者提供其他产品无法提供的价值吗？

（4）市场规模有多大？

（5）首要的消费群在哪里？

（6）我的预计销售量是多少？

特许授权的第二个阶段是开发你的产品，或者"把创意带入生活"。这个阶段包括把创意变为现实的产品，证明产品是可行的、有价值的和有市场前景的。这一步可能需要制造产品原型，申请专利。但如果是一个简单的创意：对已经进入市场的产品进行完善、加强或渐进的改造，或使用了既有的技术，那么就不需要制造原型，一张概念图或计算机模型就足够了（你会在后面学到建模等相关知识）。你需要了解产品生产的基本知识，以便向潜在的被授权人阐述你的创意。

你需要某种知识产权的保护，但是申请专利并不是唯一的选择。我不是律师，无法提供法律建议。但我和其他数百位独立产品开发者都采用了提交临时专利申请的办法。这样会在花费不多的前提下获得一年的专利保护。你自己就可以完成申请过程。

第三个阶段是获取特许授权合同。包括识别可能的和合适的被授权人，如何和企业接触。别忘了你是在推销自己创意的价值。通常需要准备一份出色的概念图（计算机模型）、一份强有力的价值陈述、一份优秀的宣传单。然后就是合同谈判的事情了。

事实上，我写这本书的目的是告诉你创意授权是多么容易。在我看来这种方式比开办企业推出产品要简单有趣得多，因为我有授权过 20 个创意和自主生产了一个创意产品（仅有一个）的亲身经历。

我的创意产品生产经历

5年前,我的一个老朋友罗德找到我。我们知道有人靠出售带有外星人头像的吉他拨片赚了不少钱。罗德想和我一起做同样的生意。我犹豫了一会儿,因为直接运营生意是我最不愿意做的事情。但考虑到这件事很有挑战性,我告诉他:"为什么不呢?"

我做的第一件事就是去商场里看孩子们喜欢什么样的人物形象。其中考察的一家店叫"热门话题"(Hot Topic)。如果你去过那里,就可以想象得到,在充满刺耳的摇滚乐和奇装异服的年轻人的灰暗商店里,出现一个50岁的人是多么的古怪。我发现商店里最流行的商品都带有骷髅的形象。一个贴纸引起了我的注意:它是骷髅的形状,有一个尖下巴,看起来真像吉他的拨片。我想与其在拨片的表面印上图案,为什么不更进一步把它做成需要的形状?只做微小的变化,只要保持拨片的标准尺寸、厚度、基本的圆角三角形状不变,为什么不把它做成骷髅、心形、外星人的头颅或米老鼠(最终我们从迪士尼获得了授权)的形象呢?

我们制造了一些骷髅拨片,起名为 Grave Picker,并把它带到美国最大的音乐交易会上分发。我们展台前挤满了人,可见产品产生的轰动效应。

根据我的市场调查,当时拨片市场上的两家主要生产厂商没有兴趣从我这里获得创意授权,因为这个产品太新颖并且客户只有那些吉他爱好者。我不懂吉他,但罗德懂。起初他也认为我的想法太疯狂,但当他看到产品这么吸引眼球时,他知道产品一定有好的销路。罗德经营音乐商店已经15年了,几乎认识所有的分销商,并且认识一个可以制造产品的人。我们估计制造一个拨片的成本为几美分。我的桌子下面就可以存放100万个拨片,所以仓储不是问题。我可以做设计,罗德则负责销售。应该不会有什么困难吧？

结果是，难，太难了！我工作从未这么辛苦过，每周工作6天，承担各种各样的工作。我们花了25万美元启动和运营公司，之前没想过需要付出这么多的金钱和汗水。和仅在车库里制造与贩卖一些拨片不同，要想取得成功，我们必须大批量地生产和销售产品。最后我们的产品出现在世界各地上万家商店里。那真是美妙的经历！我甚至和一些著名的乐队和明星，比如斯威夫特一起工作。我掌控了从创意到市场的整个过程。

但是这个过程花费了25万美元、一年的时间和中间付出的酸甜苦辣。相比之下，我可以在30天内完成产品的创意和授权，只需花费不到500美元（我已经成功完成了20次），并且享受创意的美好时光。

但为了生产Hot Picks牌拨片，我必须停止创新活动，把精力放到经营企业上。这个过程很枯燥无味，所以我把公司卖给了罗德和其他的投资者，回去继续我的创意和特许授权，那才是最适合我的工作。

现在你看到了我的经历，创意授权比经营生产企业更省钱、省时、省力。不用多付出金钱、时间和艰辛，特许授权可以让你的创意更经济、快速、容易进入市场。虽然你不能控制整个过程，但你获得了创造更杰出创意的自由和时间，还可以按照自己的时间表生活和工作。这样尽管赚取的利润少了，但你付出的工作量和可能承担的损失也都大大减少了。

特许授权是很赚钱的生意，你也能做到。仅仅需要一个简单的创意。

步骤一
找到你价值百万美元的创意

你是否经常想到更新颖、更出色的产品创意，并且希望：如果自己能以此为生就好了！

你是否经常失望于无法找到令人满意的产品，并且盼望：为什么没有人能够设计一款我满意的产品呢？

当你听说有人凭借一个简单的创意就永远改变了他的生活，你是否在想：我能不能做同样的事情呢？

你能。每个人都能。伟大的创意随处都是，隐藏在不起眼的地方。你只是还不知道去哪里和怎样找到它而已。

寻找有市场潜力的创意

大部分人采用的是逆向创新。他们开发产品是为了解决困扰他们个人的问题，但不清楚这是不是一个困扰市场的普遍问题。他们设计一款产品时，并不清楚谁会使用它，如何使用它，为什么使用它。他们刚发现一个聪明的主意就想：嘿，这是个惊人的创意，市场还没有类似的产品。然后他们就去制造产品原型，申请专利，市场营销，而不首先去确认和评估产品市场，甚至不知道这个产品有没有市场。

毫不奇怪，大部分这样的创意都会失败。实际上，大部分专利都不能收回成本。为什么？主要是因为设计师不是为获得市场价值去创新，而是为了创新去创新。

还有一个更好的创新方式，很简单，无须为创意开辟新的市场领域，只需立足现有的市场进行创新。我和其他人的无数经验表明：想快速和便捷地获得特许授权的成功，就应该着眼于革新式的而非革命式的创意。它应该为现有产品带来一些改造和改良，或添加一点独特的价值。这些都只需要一个简单的创意。

不要把简单和普通混淆起来。世界上每天都有创新，但创意才是王者。无论你的创意是什么，它必须在市场上具有竞争力，能为消费者提供竞争对手无法提供的价值并且吸引他们。这样才是一个成功的创意。

不要觉得这件事情难以做到。理论上每个人都可以想到简单、新颖而又富有市场前景的点子。对某些人来说这是再自然不过的事情：他们可以从一块面包联想出培乐多（儿童泥彩），看见松垮的鞋带马上想到魔术搭扣，遇见小狗滑落的身份牌就冒出了宠物芯片的主意。但是大部分人需要经历很多事情和更漫长的努力才能形成一个可行的创意。

但不论你是否是创意天才，都可以利用一些工具和方法来找寻创意。

▶ 几个实用窍门

创意可能随时随地出现在你的脑海里，我的几个创意就是开车和购物的时候想到的。当然，有的人只有在洗澡或散步的时候最具灵感；还有的喜欢身处幽室，心无旁骛；另外一些人则乐于忙忙碌碌，周围发生的任何事情都可能激发他们的创意。

创意不会凭空出现。每个人都需要灵感和必要的信息来完成这一过程。相信我，你一定要做大量的调查、思考、信息聚合、询问、观察、拍照、创意拓展，并且研究比较不同的对象。所以你需要一些基本的工具来收集信息。

这里有几个简单的方法可以利用：

无论身处何处，都要记得带上手机或平板电脑等移动记录工具，哪怕是一个本和几支笔也是好的。

我们常说一张照片胜过千言万语。逛街的时候带个小型数码相机或智能手机，可以用来拍摄自己感兴趣的产品，并附上当时的一些感想。

在车里安装录音设备，这样就可以在专心驾驶的同时记录下自己的想法。如果淋浴是你的创意之源，记得把录音设备放在触手可及的地方，但不要淋湿了。还有，智能手机和其他移动设备都有录音和回放的功能，是研究创意的绝好工具。

当你思考的时候要带上画板和画笔。有些人在电脑和移动设备上作图，但我更喜欢手绘。

把收集到的信息都保存在一个地方，包括任何可以激发你创意的东西。

如果你有可以联网的计算机，iPad 或其他移动设备再好不过了。互联网是很好的市场研究工具，汇聚海量信息，并且绝大部分都是免费的。我就非常依赖互联网来获得信息。

好，你手里已经有了基本的创意工具。现在到了为创意寻找市场的时候了。

▶ 市场调查

设计出一款你喜欢的产品和消费者欢迎的产品完全是两码事。企业只在意你的创意是否有销路。为此，它们要求创意不仅适合市场需求，而且是独一无二的。因为太多相似性的产品和创意不会提供真正独特的价值，在饱和的市场中将无立足之地。另一方面，如果市场没有类似的产品，也可能说明你的创意没有市场前景。

这就是为什么市场调查至关重要。它是让你确定目标市场的最佳途径，然后针对这一市场思考和设计创意。

最有市场的创意都是那些能够帮助消费者解决问题、满足他们需求和欲望的点子。换句话说，消费者愿意为这样的创意付钱。如果我想设计乔丹壁式篮球架，我知道孩子们一定不买账。因为这个创意没有解决问题，市场上已经有很优秀的室内篮球游戏。但市场上没有乔丹形象的篮球框，我知道孩子们一定想拥有一个。

大公司通常会花费数百万美元做市场调查，搞清楚消费者的需求和遇到的问题，然后提出解决问题的方案。而我自己则走进玩具城，漫步在各种产品中。我喜欢篮球，所以我研究所有和篮球有关的东西，看看货架上有什么，想象怎样才能以最小的设计实现最大的产品革新。我观察了孩子们对货架上各式篮球的反应，毫无疑问，他们对任何带有乔丹标志的产品都感兴趣。

当然，我的购物之旅只是播种了创意的种子。我还需要做更多的市场调查来让它生根发芽：如何设计？成本是多少？谁对使用权感兴趣？等等。

我做的市场调查都是不需要花钱的，只需要一点独创性和我的时间。

你也可以做同样的事情。进行市场调查，你首先要找到设计针对的市场或产品类别，然后提出相应的创意。不要依靠猜想和假设，你需要第一手的材料。

下面是几个市场调查的方法。

寻找热点市场和新兴市场：通过浏览网站、博客、社交网络、论坛、商业和消费杂志、行业通讯等关注市场趋势的信息。去购物，接触新产品，询问店铺经理哪些是热销商品。

尽可能详尽地了解某一市场：消费者构成、大多数商品的供货商、产品的排位，等等。

观察市场上的现有产品：评估它们的特性和功能、优点和缺点、价格和受欢迎的程度。

评估创意如何应对竞争，确立创意的独特价值定位：能提供怎样一种其他产品无法提供的价值。

确定创意的目标市场：谁会购买你的产品？消费者会如何使用它？会在哪里购买？愿意花多少钱购买？

确定创意的生产和包装方式。

确定生产价格和零售价格。

你不必采用大公司那样费时费力的市场调查方式，可以使用下面几种简单的方式，而且不需要破费。

逛市场

你是在一个充满创意机遇的市场中捕鱼，抛出一张大网，看看能有什么收获。去大型超市或零售店，比如沃尔玛和塔吉特，或有你感兴趣的产品的专卖店那里逛逛，询问经理或店员哪些是新产品，哪些是畅销产品，哪些是滞销产品，记录那些顾客正在流连和购买的产品或忽略的产品。

当找到自己倾心的产品，应对那一商品区域重点观察，对每一样商品仔细研究，了解它们在设计、品质、尺寸、包装和价格上的差异。关注那些在货架上占据主要空间和突出展示的商品。对能够激发你的兴趣和创意思维的产品要进行记录和拍照。

尽管我认为到商铺去考察对产品设计师很有帮助，但你不一定非得去现场做市场调查。你可以浏览消费品杂志、商品目录和互联网。实际上，我经常在线上、线下购物。主要的零售商都有网上商店，还有多如牛毛的网上专卖店和超市。

一旦你选定目标市场，形成了初步的创意，再去商店里看看和你的创意相近的产品。哪些是最昂贵和最便宜的？每一种产品的特性和功能是什么？每种产品最独特和最吸引人的地方是什么？最令人失望的地方是哪里？每种产品的包装和陈列是怎样的？你的产品会适合这个市场吗？会被摆放到哪里？你的产品和其他产品相比如何？

再次和商场经理或销售人员聊聊关心的问题，仔细观察顾客，做好笔记和拍照。大部分商场经理都不介意你拍照，你也可以借口说在为生日或节日礼物寻找灵感。通常没有人注意你用小型数码相机或手机拍照。

对于大部分产品而言，特别是在设计阶段，你通常都要实地考察或浏览大型零售商的网店或特定市场的专卖店。其他有助于获得灵感的途径包括邮寄的商品目录、电视购物和在线商品门户。

一般我使用两种搜索引擎寻找自己的目标产品。比如我想改进锤子，我会这么做：

去 http://www.google.com/images 点击高级图像搜索，输入关键字，定义其他几个参数。开始搜索，点击和你的创意有关的图片。通常这些链接会把你带到一个网页，可以获得更详细的信息。

去 http://www.google.com/products 使用关键字在高级搜索选项中定义我的搜索范围，比如新型锤子、特定的类型或价格范围，不一定需要特别指定产品名称。然后搜索结果，获得信息。我更喜欢购物搜索引擎，因为它会把所有在线出售的商品都罗列出来，而不仅仅是赞助者的链接。

研究主要竞争对手

通常产品的大部分市场份额会被3~4家大公司占领。在商店或网上都可以找到这些企业的名字。生产商的名字一般印在产品或包装上的某个地方，然后去生产商的网站查看它们的产品和目录，到新闻发布页阅读新产品发布的文章和介绍。厂商一般都有网上商店，那里有详细的价格和产品描述，有的产品网页还有批发价格清单。

其他比较产品、了解产品趋势的好途径包括产品目录、贸易杂志、贸易组织、交易会。每个交易会都有新产品的展区，每个贸易杂志、企业博客和贸易组织的网站都会介绍新产品。行业专家的演讲和研讨会总要讨论行业的发展趋势。

当你去参观交易会的时候，你的目的是了解这个行业并建立联系。观察所有的产品，注意了解那些产品的生产厂家是谁以及主要的市场领先者有哪些。参加演讲会，收集产品书册和出版物。去和相关人士交谈，不要害怕提出问题。这就是所谓的"走秀"，是很好的人际交流，研究市场和与潜在的被授权人建立关系的途径，还可以快速地了解整个市场状况。

观察和倾听

许多像IDEO的顶级设计公司，甚至设计学院，一直倡导"观察式创新"。"观察式创新"就是观察人们如何在家里、工作或娱乐中使用产品，进而发现他们的需求、意愿和要求。这种方式很有效。企业都通过观察消费者、锁定目标和调研、提出正确的问题等手段开发新产品。你可以征求消费者的意见，提出针对性的问题，从中寻找出可能让你的产品脱颖而出的价值和品味。

让我们回到那个假设的有关锤子的创意。我可以去建筑工地观察木匠是如何使用锤子的，还可以去制造橱柜和家具的朋友或小手工作坊那里观察。我可以得在那里几个小时默默地观看他们使用一种或几种锤子。我会询问他们喜欢什么类型、尺寸、品牌的锤子，他们喜欢或不喜欢哪个产品，或产品缺少什么功能。我会了解他们心目中制造锤子的理想材料是什么，使用过程中的感受和效率如何。

在观察和倾听的过程中，你会得到下面一些创新点：

那些容易被忽视但同样容易被改进的细节；
形式或功能上的瑕疵和不足；
效率低下和使用不便的地方；
乏味过时的材质和外观；
不同人在产品使用和感受上的差异；
产品的非常规用途；
人们为相同和类似目的使用的其他产品；
现有技术的潜在应用。

购物、现场观察、和目标消费者交谈，无论你采用哪种研究方式，一定要记录下自己的发现。通过笔记和拍照记录下你的发现是非常重要的环节，因为你必须调整创意以适应市场的需求。否则如果没有消费者愿意购买，公司也就没有兴趣获得特许授权。

▶ 发现沉睡的恐龙

"发现沉睡的恐龙"的意思是你找到这样一个机会：更新或修整了一个长时间都没有发生变化的事物。就像赋予一款经典产品新的活力，改变是微小的，但效果令人难忘。

20世纪80年代末我在幻想世界公司工作的时候，保尔·雷格（Paul Rago）是负责营销的副总裁。他以前是学校的老师。他的创意都来自观察传统的儿童游戏并想法改进。有一天，他决心探索一个孩子们都非常喜欢的游戏——枪战。"我们能不能给这个游戏带来新的变化？"他问自己和他的设计团队。当然能，他们用红外线技术重新设计了枪战，结果大获成功，这一产品成为幻想世界公司销售最好的玩具之一。

保尔·雷格用相同的方法完成了其他几件产品,销量都非常不错。孩子们在学校使用的所有物品他都仔细观察,然后让它们变得更时尚有趣。他看到普通的背包和衣物包等功能性物品,就想到"为什么不采用牛仔面料呢?"这个创意是如此简单,但奇怪的是没有人想到过,特别是牛仔面料在孩子当中很受欢迎。很多产品都使用牛仔面料——牛仔、夹克、短裤、裙子、鞋,为什么背包不能?保尔·雷格首先想到并付诸行动。现在Sack-It 已经成为世界上最受欢迎的品牌之一。

他还针对学生的返校用品为幻想世界公司创立了一个全新的产品线——经典艺术(Classic Art)。其中有一个很酷的记事本产品,是一款用于衣物柜的录音设备,这样学生就可以语音留言,而不必写字条贴在朋友的衣物柜上了。保尔利用他的创意和技术创造了一系列的新产品。

你也可以像保尔一样找到"沉睡的恐龙",让它们在现实中复活。用新的眼光重新审视周围经常使用的产品,想象一下如果你赋予它新的特性或应用新的技术改造它,产品的形象和功能会有怎样的改变。一点点创意带给产品的是新的活力,带给消费者的是更高的附加值和购买欲望,带给企业的是更高的利润。

变得富有创意吧!

创新在创意走向市场的过程中扮演着至关重要的角色。它让你想到新颖的创意,并把创意变为受市场欢迎的产品。它让你简单快捷、经济有效地塑造产品原型,帮你创作价值陈述和宣传单。当你需要保护自己的创意时,当你研究产品的可行性时,当你寻找潜在的被授权人,或者说服企业接受你的创意时，创新的作用显得弥足珍贵。

每个人都有创意，只要你能够从全新的角度看待问题。它需要颠覆性的思维，以儿童般的视角破除思维的局限，追求一切可能。孩子眼中的世界是新奇的，总是充满了探寻和异想天开，对他们来说每一个事物都是崭新的，每一种现象都是可能的。我记得小时候我想飞翔，希望能够做出一个喷气背包，带我飞向天空。

我相信孩子般的创新梦想还留存于每个人的心中。我们不会因为长大成人而丢弃了创新精神，只是我们肩膀上的担子太沉重了，每时每刻都肩负着太多的责任，不得不把创新的梦想暂放在黑暗的角落里。但是每个人都可以，也能够创意。你需要把纯真的创新精神再找回来。

我还相信创新是任何人都可以完成的过程。创新就是解决问题，就是思考怎么样和为什么，就是标新立异，就是突破常规，提供更多选择。我发现创新的能力可以这样提高：不断以"不同的"角度审视不同的事物。

我相信激情推动创新，创新是一场愉悦的旅程。

▶ 追随你的激情

当我苦苦思考如何走好我的人生之路的时候，父亲告诉我"追随你的激情"——这句话不仅可以帮助你找到职业的方向，还可以捕获设计的灵感。你的兴趣和热情在哪儿，哪儿就是最适合你设计新产品的地方。我喜欢玩具、新颖的小物品和礼物，所以我的许多成功的创意都来自那里。我担心药店出售的药品的说明不充分可能引起严重的后果，所以我发明了旋转标签。

也许你对儿童教育和生态环境感兴趣，或许园艺和钓鱼是你的特长，也许你喜欢手工和宠物，抑或厨房用品或电子产品是你的最爱……无论爱好什么，都可从那里找寻市场或能激发你创意的产品类别。

有没有一家店铺你经常光顾，即便在不买东西的时候也会去逛逛？你有浏览商品目录的习惯吗？你经常阅读专业或贸易杂志，包括广告，以期看到新产品和感兴趣的产品？你参加贸易或商品展览跟踪最新的产品趋势吗？如果你的答案是肯定的，那么睁大眼睛，开放思维，留意你未来创意的潜在市场。

或许你的创意结合了自己的两个兴趣点：家装和环保，宠物和电器，钓鱼和儿童教育。

▶ 探索超市和杂志

当我的创意思路卡壳的时候，我经常去当地的商店转转。我在商店里不但查看我感兴趣和购买的产品，也关注别的商品。我坐在商场中间，观察人们购物，看看他们购买什么样的产品，被什么样的产品所吸引。我会走进一些店铺和经理或雇员交谈，询问他们什么商品热销，什么产品滞销，他们关注的消费趋势是什么。他们往往大诉衷肠，告诉我很多有用的信息。有时，他们甚至告诉我上个星期或上个月的经营情况。这些内部信息在开发新产品的时候都非常有用。

我就是这样得到了一个有趣的交互式儿童水杯的创意。那时我去了一家超市的迪士尼专卖店，询问经理什么产品最畅销。他告诉我是水杯。我注意到有一种双层水杯，内层带有颜色（红、绿、黄等），外层是透明的塑料，中间夹有发光物。我马上联想到可以在两层中间放入其他的图像或小玩具：各色服饰的米妮，101小狗，会报名的芝麻街人物。实际上几年前我就准备在纸杯上做类似的事情，但由于生产费用太过昂贵而放弃。现在我认为可以把这个创意应用到塑料杯上。我看到杯子底部印有生产商的名字——Trudeau。这家企业从我这里获得了创意授权。五年后，我的旋转人物水杯出现在世界上每一家迪士尼专卖店和主题公园内。

另一个让我创意灵感涌现的地方是书店。我去杂志区翻看各种娱乐和时尚杂志，关注名人们的穿戴和用品。我可以花上几个小时阅读这类杂志。有时它会令我想到一个简单独特地改造畅销商品的主意。

▶ **创意游戏**

坐在桌子前冥思苦想不是最有效的创意方式。有时需要给大脑添加点创意的动力。这方面有很多方法可供使用：购物、看电影、散步、阅读杂志、去热闹的咖啡馆闲逛。实际上，交新朋友对我的帮助很大：他们的视角往往和我的完全不同。还有其他方式能够激发你的创意思维：上班时采用新的路线，收听新的电台，阅读新的杂志，去没去过的商店购物。

创作过程中不要担心自己创意的优劣，不要强迫或限制思维过程，让思想和心灵信马由缰，让沉睡的创意精神苏醒过来。把创意过程化为一场游戏。

下面是我经常在想创意时使用的三个趣味游戏：混合搭配、提问、回答。记住，游戏的时候，创意不分好坏。你只需享受这个过程，锻炼创意的能力。如果获得了好的创意，那很好；如果没有，它也是不错的锻炼过程。也许哪一天你回想起来，会把这个创意变得更好。要想创作和特许你的创意，你需要想到很多好主意。所以，不要让创意思维停顿下来。

混合搭配

选两件不同的产品，想象一下怎样能够把它们结合起来形成一件新产品。比如，现在非常流行的拍照手机，就是把手机和数码相机结合起来。刚开始的时候，我建议你整合两件自然而然就会想到的产品——毕竟你还是个新手。把两件厨房用品搭配起来比把一件厨房用品和一件车库用品搭配起来更加容易。

有的人能够把两种看起来完全不搭边的东西联系在一起。比如，约翰·奥斯的旋转牙刷（一种电动牙刷，比当时市场上的牙刷都便宜得多）就是受到他的旋转棒棒糖（Spin Pop）的启发。旋转棒棒糖是一个按一下"手柄"上的按钮就会自动旋转的棒棒糖。糖果和口腔发生碰撞的时候，混合搭配的奇妙效果就显现出来了。

提问

这是我最喜欢的设计游戏之一。我看到一件商品会提问："如果把它放到截然不同的用途上会怎么样呢？"比如，我看到锤子会问："如何保证锤子每一次都敲中钉子呢？"或者像我的学生托德·巴斯（Todd Basche）那样提问："为什么密码锁使用数字而不是字母呢？这样人们不就可以拼出符合自己个性的密码了吗？"他现在有了自己的畅销产品——字码锁（Wordlock），在世界各地的上万家商店销售。

另一个提问游戏的经典例子是耐特弗莱克斯（Netflix，在线影片租赁公司），它改变了整个产业。以前好莱坞影视（Hollywood Video）和百视达（Blockbuster）公司统治了影像租赁市场，如果顾客不能按时归还影片，要收取很高的罚金。有人就想："怎样才不会有延误罚金呢？"后来 Netflix 就诞生了。现在，新的公司会问："为什么顾客不能在自己的卧室内点播电影呢？"你看这就是提问的力量。

回答

在这个游戏里面，我观察我和他人每天都会遇到的问题，并设法解决这些问题。比如，我曾读到一篇文章，文中提到产品标签上不可能有足够的空间容纳所有的必要信息。所以我发明了 Spinformation 牌旋转标签，增加了 75% 的标签说明空间，这样就解决了这个问题。它的构思很简单：它是一个双层标签，固定在同样的位置上。下层标签是固定的，上层标签的薄塑料片上除了产品的名称、标识，还带有透明窗口。旋转的时候就通过上层的窗口把下层标签上的信息逐个显示出来。

这就是发明家和独立产品开发者最常用的创意办法。他们看到生活中的问题就试图找到答案。你还需要小心谨慎，因为你遇到的问题可能只是你个人的问题，或者这个问题已经有了解决方案，只是你还不知道。

回答游戏的秘诀是观察。通过观察和交谈，你可以用更宽广的视角识别问题,然后想出一个独特的解决办法。创意不是为了个人,而是为了市场。这是创意产品走向市场的最佳途径。

两千万美元的"沉睡恐龙"

现在如果你去户外水上玩具商店,你会找到各种大小、各种颜色和形状、不同威力的喷水枪。但20年前不是这样,直到罗尼·强森(Lonnie Johnson)发明的第一款 Super Soaker 牌压力喷水枪改变了一切。在那之前的几十年里,所有的喷水枪都是平淡无趣的设计。

罗尼曾是美国航天局的科学家和发明家。当时他正在设计一种由喷气引擎驱动的无氟利昂的热泵,利用水作为工作流体。有一次在浴室做实验的时候,其中的一个引擎由于故障意外地将水流喷出了窗口。他想:"这不正是一只喷水枪吗?"

当产品在1990年问世的时候,Super Soaker 成了全美最畅销的玩具之一。老玩具上的新思路带给了罗尼大约两千万美元的特许收入。

罗尼唤醒了"沉睡的恐龙",把经典的玩具和先进的喷水引擎技术搭配在一起。罗尼把 Super Soaker 当做自己的三大得意作之一。他的发明不仅是巨大的成功,也是一场个人的狂欢。

创造优秀的创意并推出产品必将成为一个愉悦的过程。如果你能像罗尼一样追随自己的激情并且使用本书中介绍的方法,你也能取得游戏的胜利。

不善于创意？那就做个产品猎手

各行各业都需要创意。企业对创意的需求是巨大的。今天，一个企业的成功取决于它的创新能力：快速地推出新产品。企业无法完全依靠自身的能力满足创新的需求，所以开放式创新应运而生。

很多公司不知道如何获得一个体系帮它发现创意。类似地，很多独立产品开发者不知道怎样授权自己的创意，而只好借助"代理人"寻找合适的被授权人。

这种现况为你充当创意家和企业之间的桥梁创造了机遇。作为产品猎手，你从创意家那里发现一流的创意，并找到合适的被授权企业。作为回报，产品创意者与你分享一部分特许使用费。企业每销售一个你授权的创意产品都会给你带来一份收入。

如果你具有开创精神和出色的销售技能，你就可以从事这项工作。如果你对产品还有强烈的兴趣，那就更好了。你只需要懂得怎么样和在哪里发现适合营销的创意即可。首先，在寻觅产品创意的过程中你需要懂得下面5个简单的策略：

（1）成为特许权专家；

（2）找到适合自己的领域；

（3）研究市场；

（4）专注于你能销售的创意；

（5）达成双赢的协议。

▶ **成为特许权专家**

独立产品设计者雇用产品猎手将创意授权给企业的主要原因是他们没有这方面的专业知识。一些产品设计者选择和特许权专家合作是因为他们想专注于产品创意而非销售它们。无论哪种情况，他们都期望你是特许授权方面的专家，毕竟他们是你的雇主。你对这个领域了解越深厚，你成功的可能性越大。

作为产品猎手，你的成功取决于三件事情：

你能找到多少能够授权出去的创意；
有多少被授权的创意能够最终进入市场；
这些创意产品在市场上的表现如何。

成为特许权专家是如此至关重要：你必须是个高手，善于发现有市场前景的创意并把它们推向市场。这是让产品设计者相信你能为他们的创意找到被授权人的唯一方法，也是说服企业把创意带入市场的唯一方法。

你可以从各种渠道获得特许权领域的知识：书籍、培训、研讨会、贸易协会、专业组织。比如许可贸易工作者协会，它拥有五千多名从事知识产权的转移、使用、开发、生产和营销的会员；比如我的课程、我的著作、CD、在线课程和其他工具教授如何发现、开发和授权创意。另一个获得知识的好地方是 Ideapow 网站：一个为"具有创业精神的人设立的在线学习实验室"，帮助他们授权创意。Ideapow 的分步式教程还包括一个涵盖 1300 家公司的目录。

无论从哪里获得创意授权的知识和培训，记住一定要找真正的特许权专家，因为他们有这方面的实际经验。当然，你要想获得经验就必须发现有市场前景的创意，然后推销出去。你的成功经验越多，你在设计者和企业那里的信誉度就越高。

▶ **找到适合自己的领域**

为了猎取创意,你既可以把触角伸到各个领域,直到寻到重大收获,也可以把目光集中于特定的行业、市场或产品类别,并最终落在具有巨大市场潜力的简单创意上。在起步阶段,我建议最好采用自动步枪的模式,在你熟悉的行业、有兴趣的市场或产品种类里"狩猎"。

找到适合自己的领域,然后从那里着手。通常来讲,这样可以更有效、更有益地利用你的时间和才华,增加你发现创意和授权的机会。在一两个行业里搜寻创意和特许授权要比在三四个以上的行业里做同样的事情更省时间。至少,在一个创意方面的成功经验也可以应用到其他的创意上。如果你的三个或四个客户在饰品和礼品行业获得了巨大的成功,你可以轻易获得行业内其他设计者的信任,企业也愿意向你敞开大门。

但这绝不是,也不该把你限制于一个行业内。你可以去任何你感兴趣的领域寻找优秀的创意,但是缩小搜寻范围会更有利于你的起步工作。

▶ **确定热点市场**

研究市场,找到销售火热和增长潜力巨大的行业和产品。通过电视购物频道、消费杂志、邮寄的产品目录、在线购物门户、大型零售商、专卖店等渠道了解最新和最具活力的市场与产品趋势。比如,在我写本书的时候,宠物、厨房用品、家装、"宅度假"等相关产品正变得热门而另一些产品则变得落寞。市场是不断快速变化的,随时了解最新的市场趋势是非常有必要的。

一旦找到感兴趣的热门行业和产品,你需要研究相关市场的各个方面。你对市场越熟悉,找到创意的难度越小,发现有市场前景的创意的可能性越高。专注于特定的市场领域会增加你连续发现优秀创意的几率，那是你成功的保证。

但这不意味着你需要在每一个感兴趣的领域都成为专家。你对市场的了解能够让你对市场的潜力做出正确的判断。为了熟悉市场，你可以和设计者、投资人做一样的事情：购物、和零售商或消费者交谈、阅读贸易出版物、参加交易会、浏览贸易协会和制造商的网站。

▶ 专注于你能授权出去的创意

选择创意要精挑细选，因为聪明的创意不一定是受欢迎的创意。如果一个创意产品偏离市场上的其他产品太远，或是使用的技术太过新颖和复杂，你投入了大量时间和努力，到头来却没有企业愿意获取授权。选择一个你持有怀疑或不认为能投入生产的创意只会浪费你的时间，并带给设计者和投资人不现实的希望。

但你也不要只注意那些市场潜力巨大和利润丰厚的创意。事实上，那不是个好主意，因为这样的热门创意不多而且不容易找到。成功的产品猎手要想实现收入最大化需要尽可能多地发现有市场前景的创意，然后尽快把创意变为产品。有时一个简单的创意，你只需简单改造一下就会跑出一个本垒打。要保证你在一个创意上的投入和它的盈利前景相适应。

我发现虽然有时候设计者滔滔不绝地讲述创意，但远没有形成清晰的框架。有时候创意只是还没有成型，开发者需要做更多的内部和外部工作。为了获得最大的收益，你需要过程管理，让发明家为你工作。这就是为什么在接受一个创意之前要先进行评估，并且对整个过程中的每一步进行控制。

首先，要坦白地告诉设计者，你只需要那种能够授权出去的创意。告诉他们为了做出正确的决定，你需要在讨论创意之前从他们那里得到必需的材料。然后用材料清单或提交表的形式管理所需的信息。设计者至少应提供下面的材料：

（1）创意介绍，包括特性和价值。请他们把价值陈述限制在一到两句话内。给他们一些模板，比如："我发明了一种 5 美元的圆珠笔，适合任何角度书写，包括倒转。它的书写体验比得上市场上价格贵 5～10 倍的同类型的笔"，"我发明了一个每次都可以准确敲击钉子的轻型锤子"。

（2）创意图，或计算机模型，或创意原型的照片。

（3）一份可能出售他们产品的商店、商品目录、网站的名单。

（4）申请知识产权保护。

有些设计者会提供必要的信息，但你一定要解释清楚为什么需要这些信息，并保证保守秘密。如果他们提供材料，就马上评估；如果不提供，也没关系。这样你可以看到谁对自己的创意是严肃认真的，并且准备和你一起走完接下去的道路。实际上，评估创意时你需要的远远不止上面提到的那些材料。注意设计者的反应将有助于你确定创意是否已经就绪，你还要做多少工作完成特许授权工作。

▶ 合同确认

一旦设计者决定和你一起工作，你需要从他那里获得书面的授权协议，授权你代表设计者和潜在被授权人谈判，确定合同条款和你从中获得的收益。

由于签署的是法律条款并且每个案例的情况不同，我强烈建议你咨询法律专家。下面是一些需要考虑的事情：

做好预付款和特许使用费的分成方案。你可以从五五分成起步，因为他们提供创意，你要付出大量时间把创意推销出去。你们的付出应得到同等的补偿。

从客户的角度看，理想的协议应保证你能免费工作 3～6 个月，直到创意授权出去的时候你才获得回报。如果创意授权成功，你将获得相应份额的特许使用费；如果不成功，设计者也不会遭受损害。

签署"独家"代理协议，保证在合同有效期内即便是产品开发者也不能将创意授权给其他公司。这是为了防止有人恶意竞争。

没有设计者或发明人愿意共享或放弃创意的所有权。所以合同中应规定设计者对创意享有完全的所有权，你对创意的任何改善都应归于设计者所有。这么做基于道德范畴的考量，保障品行的无瑕。

可能你在合同期内没能将创意授权出去，但几天或几个月后一家公司表示想要获得这个创意。企业需要大量时间评估创意，你需要大量时间实现创意授权，所以非常有必要在合同上说明：你有权在合同期结束后的一定期限内将创意授权给在合同期间联系的企业。比如你的合同起始期限为6个月，你有权在合同期结束后的3～4个月内将创意授权给合同期间联系的企业。

▶ 何处寻找有市场前景的创意

创意无处不在。仅美国每年就受理18万件专利申请，另有数以千计的杰出创意没有提出申请。把所有寻找创意的好地方都列举出来不太现实，因为太多了。下面是发现产品设计者和产品的几个最佳方式：

网上"淘宝"

许多设计者简单地把创意产品放到网上，希望能找到买家。企业不会在这些网站上寻找创意，但你能，你知道如何评估这些创意。这些设计者非常渴望能授权出他们的创意。

可以尝试在浏览器里输入下面的关键字，然后把搜索结果放到收藏夹中：

- 出售发明；
- 出售专利；
- 有关发明的列表网站。

访问发明人论坛

通过互联网搜寻"发明人论坛"、"发明人讨论小组"等关键字,到论坛看看发明者的所思所想。一开始你只需阅读帖子,这些帖子大部分都免费浏览,但可能需要注册。在注册时你的昵称里不要含有"产品猎手"等字眼。回复要简洁,有建设性。论坛会让你了解独立设计者的思想,帮你找到愿意进一步接触的人。

发现新专利

在最新发布的专利里总可以发现急于特许创意的设计者。所有的工业国家都有专利或知识产权部分,可以从它们的网站上查找专利。

贸易组织

在美国,国家、州和地方的各级贸易协会吸纳了各行各业的发明人、工业设计师和工程师;其他国家也有类似的组织;还有几个类似的国际组织。真正的发明人和独立产品设计者在协会里都非常活跃。那里是一个和他们交流学习,发现优秀创意的好地方。这样的贸易协会太多,在本书中就不一一介绍了,你能够很容易地通过关键字检索到它们。

发掘艺术设计院校里的天才

这些院校是那些最富创新精神的天才们学习如何实现创意的地方。如果我是产品猎手,这里会是我寻找发明和创意的首选地。艺术设计院校是一座奇思妙想的金矿。

不久前,我受邀到位于加利福尼亚州帕萨迪纳(Pasadena)的艺术中心设计学院演讲。这所学校在美国艺术院校中是数一数二的。艺术中心设计学院设有12个学科,涵盖工业设计、包装、图形设计、网站开发、交通设计等。到这里学习要支付20万美元,当然这里的学生也是全美最优秀的。

马迪奥·南瑞（Mateo Neri）是学校的老师，教授学生如何创业，实现产品的市场化。他找到并请我到课堂讲课，因为他发现学生们并不愿意通过成立公司的途径把创意带进市场。他意识到学生们需要创意特许方面的帮助。

去学校演讲的时候，我被他们的作品震惊了。有些是我见过的最有创造性的作品。马迪奥告诉我这些作品在学期结束后都会被束之高阁。我心情沉痛，因为我看到了作品的巨大潜力。我知道我们应该行动起来帮助这些学生，所以我和马迪奥一道创建了 Ideapow 网站，学生们可在那里学到怎样授权创意，利用他们的创造力赚钱。

和研究型大学建立联系

许多公立和私立的研究型大学通常都会向企业授权使用自己研究的最新成果。这些大学每年申请 4000 项专利，签订 3500 个特许经营协议。其中超过 60% 的特许技术授权给了雇员低于 500 人的小企业，30% 的新发明的特许权被企业购买。所以有极大的空间帮助创意者获得企业的青睐，应该和大学、所关注领域的老师和项目指导建立好联系。

推广你的服务和成就

这项工作从开始就需不断推广自己的服务。每获得一个新客户，每增加一项新服务，每次进入新的市场和产业，每一次演讲或者曝光的机会都需要牢牢抓住，用来推介自己。许多人把推广简单地理解为投放广告。没错，在杂志、新闻组、在线分类网站、收费站点做广告能帮你找到创意，但同样花费不菲。采用这种方式，你要有砍价的劲头才行。

我这里有一些"免费推广"的途径助你发现好的创意：

（1）名片和电子签名。它们是你送给别人的电话卡，要尽量看起来专业，这样可以最大限度地拓展你的公共关系。要清楚地写明你的职务，比如：创意特许权专家/总裁。最好再附加上业务的简洁说明，比如"你的创意特许助手"。

（2）文章与博客。在杂志、通讯、网站上撰写有关产品开发者与发明家的介绍和特许方面的文章会大大增加你的曝光率和可信度。

（3）活动和演讲。通过在贸易组织或团体进行演讲、举办活动（包括线上及线下），向潜在的客户介绍自己和服务，树立专家的形象。

（4）联系行业组织。加入那些熟悉的相关协会、组织和团体，至少是那些吸纳你感兴趣的领域的创意人士的组织。

（5）联系商业顾问。商业顾问对特许授权知之甚少，但如果他们了解你的服务并和你保持业务联系，当他们的客户有这方面的需求时，他们很可能向客户推荐你。

（6）简报。创建免费的电子和印刷简报，寄给潜在的客户，一个月两次或至少一次，提醒他们记得你的服务但又不会骚扰到他们。简报里应包含大量的实用信息，而不仅仅是鼓吹销售。

（7）展会。参加面向发明者和产品开发者的展会或创意涉及的行业展会。展示并与销售商及与会者建立联系。如果你在同一行业有很多客户，可以考虑租赁一个展台并向每一个客户收取一定的费用。

（8）网站。保证你的网站看起来专业和简洁，让别人信服你是这个领域的专家，并邀请那些雇用你去寻找被授权人的客户使用。经常更新网站，公布最新的服务、活动和成功案例。

成功的产品猎手的首要工作是找到有市场前景的创意。记住，这些创意通常很简单——对现有产品、工艺和技术的小改进或增强。

当然成为一个成功的产品猎手要做的不仅仅是这些，所以我提供课程、信息和指导等方面的帮助。另外，书中有关产品搜寻的内容会助你将创意和企业联系起来，推出新产品，建立自己的梦想生活。

沃伦（Warren）创意的商品化经历

在过去20年里，沃伦·图托（Warren Tuttle）起先在纽约的一家大型百货商店做采购，后来成了自有厨具品牌的设计师，再后来开了一家高端家具用品商店。12年前，沃伦决心不但把自己的家具用品创意推向市场，也要帮助别人实现这一愿望。在成为产品猎手的头5年里，Warren品牌实现了3亿美元的收入。

几年前，沃伦和生牌公司（Lifetime Brand）合作开始从外部引进产品创意。当时，生牌公司有一个40人的内部研发团队，还从未从外部引入创意。在不到两年的时间里，沃伦充当生牌公司和独立产品开发者之间的中间人，促成了20多个创意产品的授权。他也不断开发和授权自己的创意。

沃伦把自己的成功归于，在家居行业的深厚积累和经验使他具备了"评估新创意的能力"。他也研究市场，从宏观上把握产业发展的趋势，在独立开发者和发明人里享有很高的声誉，并能不停地寻找新的创意。自然别人会不断地向发明人和产品开发者推荐他。每年他接触的意向客户达1200～1500人之多。

依靠丰富的市场经验，沃伦成为了赢家。他不仅为自己，也为那些依靠他把创意商品化的开发者赢得了丰厚的特许使用收入。

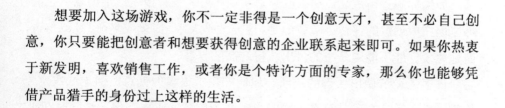

想要加入这场游戏，你不一定非得是一个创意天才，甚至不必自己创意，你只要能把创意者和想要获得创意的企业联系起来即可。如果你热衷于新发明，喜欢销售工作，或者你是个特许方面的专家，那么你也能够凭借产品猎手的身份过上这样的生活。

怎样选出最好的创意

好了,你已经追随了自己的激情,研究了市场,唤醒了"沉睡的恐龙",确定了热点市场,想出了很多一直在大脑中像蜜蜂一样嗡嗡不息的好主意,现在你要确定哪一个才是最好的。把你的注意力集中在有限的几个创意上,最好只集中在一个简单的创意上——那个让你的市场研究和直觉都确信无疑的好创意。

▶ 好创意的四个特征

你必须在众多的创意中分辨出哪些是可行的。我自己的创意有很多,每一个我都很喜欢,但在选择将哪一个创意商品化的问题上我还是非常小心。我只在有前途的创意上下工夫,并且快速地做出判断。

如果你想获得成功,那么就必须在说"好,我就授权这个创意"之前,迅速地完成创意的评估。重要的是,这无关乎大小、简单或复杂、独特与否,而是关乎你能不能用最小的付出获得最高的收益。

许多人无法做出明确的决断。他们产生了很多的创意,但无法决定先从哪一个下手,有时甚至准备同时启动几个创意的工作。你无法同时在10个创意上付出,通常专注于一个创意更有效率!

我建议从一个简单的创意开始,经历整个从开发到特许授权的过程。改善、加强或简化市场上的成熟产品是最简单有效的创意商品化的途径。你一旦做到这一点,就会在接下来的创意活动中变得更自信,更富有经验和效率。经过多次的成功,你就能够快速地判断哪个创意有市场,以及怎样把创意改造得适合市场需求。

所以在开始阶段,一定要专注成熟市场上的简单创意。复杂的创意需要的评估越长,遇到的挑战也越大。你不希望头几次尝试就让自己灰心丧气吧?

每当我遇到满意的创意,我总是用下面的标准衡量这个创意能不能产生想要的结果。

它解决了一个普遍性的问题吗?

成功几率最大的创意是,任何人看见都会马上明白它解决了大家都遇到的问题,满足了一个普遍的需求或愿望,填补了市场的空白。一条经验法则是,你解决的问题越具普遍性,你的创意就越容易授权出去。

企业不愿意花费精力让市场认识一款产品或为产品创造一个新的市场。它们像我一样,喜欢容易被市场接受的简单创意,易于让人看出其独特价值的创意。它们心目中的好创意是,顾客看到就会说:"不错,我喜欢!它正合我的需要,我想买一个!"

不要将自己的创意建立在任何设想或假设的市场需求上。研究市场,然后通过一切可能的手段确认你的创意解决了一个普遍存在的问题。相比无根据的猜测,明确界定的市场需求更容易获得创意授权。

它独特的价值在哪里?

你的创意如何面对竞争?它能脱颖而出吗?它具有同类产品缺乏而消费者期盼的独特价值吗?对市场流行产品的改进往往最具市场潜力,但它必须令人印象深刻。它必须吸引消费者的注意力,让他们乐意购买;它必须能打动潜在授权对象的心,让他们明白卓越的产品特性将带来巨大的市场竞争优势,他们需要你的创意。

不要假设市场会像你一样喜欢上你的创意。去做产品的比较,和商场工作人员交谈,观察消费者,证实你的创意拥有其他竞争对手无法比拟的优势。

它拥有的市场大吗?

开发产品的时候,我总希望该类产品的主要零售商都能销售它,大量地销售它,因为如此巨大的市场潜力一定会吸引企业获取特许授权。有时候我也关注市场规模不大的创意,但仅在能够相对轻松地找到被授权人的情况下。通常,授权出一个拥有大规模市场的创意和授权出一个拥有中等规模市场的创意需要付出同等的努力。所以付出同样的时间要争取最大的经济回报。

在接受一个创意前,要明确这个创意的市场规模有多大。比如你有一个在 iPad 上安装红酒向导应用程序的创意。作为新手,你处于一个增长的产品市场里。iPad 应用的市场前景巨大,但问题是红酒移动应用的市场有多大?好,为了衡量市场的大小,你需要了解有多少人买红酒,买红酒的人中又有多少人有可能拥有或可能购买 iPad。我的直觉和初步的市场观察表明这是一个不错的市场。但如果是我的创意,我还是会做更多基本的市场调查以确认和量化市场规模的大小。

评估创意产品未来市场规模的大小很简单:研究市场。看看产品是否处于一个增长的产品类别中,同类产品是否畅销、如何定价。大略了解产业和产品种类的情况,详细了解谁在出售产品,谁在购买产品,他们购买的目的是什么,销售额是上升还是下降,主要的竞争厂家有哪些,等等。信息来源的渠道可以是搜索引擎、购物、行业专家、贸易组织、贸易杂志(媒体内容经常包含行业情况介绍)、营销智库和其他渠道。

它使用的是常规的生产工艺和材料吗?

一旦你的创意激起了被授权人的兴趣,他们经常问的头两个问题是"如何生产"以及"成本是多少"。在选择一项创意作为工作对象前,你需要清楚产品在生产和成本上的可行性。找到答案很容易。如果你的创意可以通过现有的技术、材料、生产设备和生产工艺组织生产,那么在生产上是可行的。如果这些工艺和材料广泛应用于你的创意产品类别,那么在成本上也是可行的，并且对企业来说是有利可图的。

这就是市场调查的效果。作为调查的补充，与业内的专家建立普遍的联系会让你获益良多，甚至可以从中找到指导你走过艰难的交易过程的人。

▶ 找到有过成功经验的人

我父亲过去常说："无论做什么，你要找有经验的人，尽量接触他们，向他们学习。"这句话是我能给那些想授权创意的人士最好的建议。

很多创意者都想独立工作，完全不了解外部知情人士的信息。坦白讲，我认为那很疯狂。我一直在开发和授权创意，但我可以告诉你每次启动一个创意时，我都能很快意识到我缺乏一些必要的信息。所以我首先研究市场，然后找到这个领域的专家，借鉴他们的想法。

如果你的创意是搞笑的小礼物，去找设计、制造、销售新奇物品的人或有第一手经验的人；如果你的创意是厨房用品，去找这个领域的专家；如果你的妙想是改进沙袋，去研究体育用品业的领先者。搞清楚市场上的主要厂家是哪些，他们对市场发展的看法如何。阅读贸易杂志，访问业内最好的设计和生产商的网站。去展会看他们的产品，听他们的演讲，和他们交谈。

我曾以为让陌生人提供帮助会很难，甚至是不可能的事情，但事实是可能的，总有人愿意给你所需的建议和信息。许多有过成功经验的人都愿意与你分享他们的经验，他们希望帮助别人获得成功。有些专家愿意当你的老师，告诉你其中的窍门。在评估创意的可行性和开发的过程中，一位知识渊博，愿意帮助你的老师的作用是不可估量的。

你只需找到这些专家，寻求你需要的帮助。最坏的结果是有些人会说不。但你可以继续寻找，直到找到能够并且愿意帮助你的人。

如何找到专业人士

为了找到能够并且愿意回答问题的专业人士,我经常上网搜寻该领域的专家。比如,如果我的目标是保健产品,我会寻找那些在相关领域发表过文章、开过研讨会,或在展会和会议上发表演讲的人。我也许会给贸易杂志的编辑或贸易组织打电话,询问哪些人对我所感兴趣的产品类别有深刻的了解。我还可以去展会和相关人士建立联系。

最佳人选

在寻求专家和导师的帮助时,一定要确定他们的专业知识和你的创意相关。小心那些没有行业经验和产品经验的人提供的信息。帮助你完成这个过程的最佳人选是那些在同样的领域有实际经验,并且成功开发和授权过创意的人。

跟懂得诀窍的人沟通非常有用:"嗨,你怎么看?我应该怎么着手?我需要了解什么?谁会对我的创意感兴趣?"有时候,和同行的闲聊也非常有用。

导师改变了我的生活

在20多岁开始做独立产品开发的时候,我很幸运地遇到了我后来的导师。一天,在索萨利托艺术节上,一个人来到我的展台前说:"你的产品应出现在更多的市场上,我认识一个人可以帮你做到。他的名字叫斯蒂文·阿斯廷(Stephen Askin)。他在洛杉矶有一个叫What's New的展厅。"

我打电话过去请求和斯蒂文通话。一分钟后,他接起我的电话。我告诉他我公司的名字叫索福迪(Softee),并请他看看我的产品。然后我和父亲开了6个小时的车来到洛杉矶。我走进展厅时,看见展厅里满是毛绒玩具和新颖的物品。

斯蒂文代理的艺术家遍及全美。那天他们正准备去参加一个吸引了各地零售商的展会。斯蒂芬朝我手里的盒子点点头说:"让我看看。"当我把手工制造的动物和人物作品拿出来的时候,他的眼睛放出了光芒。他很喜欢我的作品,并让助手把作品放到展厅里等待零售商订购。一小时后,我在他的办公室里签署了一份合同。

父亲和我坐在一张古怪椅子上,它的一条腿套着牛仔靴,另外三条腿套在网球鞋上。斯蒂文戴着滑稽的眼镜和迪利鲍伯帽子(前脸是摆动的美元标志),坐在桌子的另一端。目之所及,都是玩具。我父亲——通用电气的高级主管——感到很吃惊。我倒是感觉无所谓。我找到了青睐我和我的作品的人。

这是我生命中最美好的一天,它永久地改变了我的生活。斯蒂文在我身上的冒险取得了成功。他接了我的电话,给了我巨大的机遇,指导我完成这个过程的每一步。

后来,当来自全国各地的订单让我忙得不亦乐乎时,他又带给我新的机遇:"你教会我的工人怎样使用我们的机器而不是手工制造你的产品,然后我们替你制造和分销产品。"回过头来想想,那不就是我的第一个创意授权嘛!

在过去30年里,我从斯蒂文那里学到很多东西,其中一件非常重要的事情是:在设计产品的时候,必须考虑合适的生产成本,这样才能形成合适的零售价格。现在即便我已经成功进行了20多项创意授权,我还是常常向斯蒂文请教。他还在那间满是玩具和新奇物品的房间里工作,还戴着滑稽的眼镜和迪利鲍伯帽子。

▶ 在一天内成为任何行业的专家

当你审视脑海中迸发出的各种创意,努力分辨应该从哪一个着手时,不要急于去请教专业人士的看法。事实上,许多专家遇到贴着"百万美元"标签的创意时往往分辨不出这究竟是不是一个好创意。有时,由于你不是业内的专家,你能够从独特的角度看待问题,发现那些有巨大市场潜力而被专家们忽视的创意。但是如果你想到好的创意，那么就需要获得所在领域的专业知识，这样你可以就是否生产创意产品做出正确的决定。

你要做的是对整体情况有一个清楚的认识。现在市场上的热门产品是什么？它们的特性、价值和价格是什么？它们的包装和陈列方式怎样？生产厂家有哪些？它们在哪里出售？销量怎么样？它们在行业内或同产品类别中的销售情况怎样？这个领域的新兴趋势是什么？

这些信息都可以通过市场调查获得。具体可参照本章开始部分所讨论的技巧。

▶ 相信你的直觉

别人总是问我："斯蒂芬，你觉得我的创意怎么样？"如果我了解市场，我会提出建议，但那仅仅是建议。

有些咨询师对创意进行付费评估，这简直毫无道理。只有潜在的被授权人的意见才是需要重视的意见。如果方式得当，你也可以自己做完善的评估。另外，你还能得到有过类似成功经验的人士的免费建议。除此而外，你只需相信自己的直觉。

几乎所有的产品开发者，包括我，都会做的一件事是听取亲戚朋友的看法。那很好，但是要谨慎吸取他们的建议。虽然他们是消费者，能够提出有价值的意见，但他们没有行业方面的知识。即便他们熟悉某个行业和产品类别，但并没做过你先前做过的市场调查。所以听归听，要相信自己的调查和直觉。

我也是有过教训后才明白其中的道理的。每天晚上在孩子睡着后，我都和妻子躺在床上，拿出画板，向她展示我的创意。那是我们交流和欢笑的美好时光。珍妮丝总是嘲笑我的蹩脚创意。我也总把最差的创意放在前面，而把得意的创意放在后面介绍。一天晚上，在我向她讲过了我的坏创意后，我拿出了那天我最喜欢的一个创意。我们花了几个小时研究、思考和改善这个创意。我甚至做了一个原型——用纸板，一张5美元的乔丹海报和胶带制作的乔丹壁式篮球架。

当我向珍妮丝展示我得意的创意时，她看着我说道："斯蒂夫，这个创意授权出去的几率是百万分之一，放弃吧，想想别的创意。"天啊！

珍妮丝是我认识的最聪明的人。她毕业于斯坦福，在西北大学的克罗格管理学院获得了工商管理硕士学位。她在营销和产品开发领域成绩斐然，甚至对玩具业也很熟悉。事实上，我们是在幻想世界公司认识的，当时她负责公司最畅销的玩具——雷瑟水枪。在此之前，她为高乐氏公司（Clorox）工作，随后成为嘉露葡萄酒公司（E&J Gallo Winery）的高级营销副总裁，她是该公司历史上为数不多的女性高级主管之一。由于我非常看重她的意见，所以我被她的评论打懵了。

但是我做过市场调查，发现玩具反斗城的室内篮球篮板都是乏味的四方形。我看到一件俄亥俄艺术公司设计的带有乔丹形象的篮板，我知道他们获得了乔丹的授权，但乔丹的图像真是太小了。我就是一个篮球运动员，也懂玩具业。我认为这个创意太棒了！乔丹的形象应该更高大，产品应该更具美感，更富激情。我知道这个产品的生产成本符合预期。我知道我一定会成功。

所以第二天，我将创意发给了俄亥俄艺术公司。实际上，由于我坚信自己的创意，我寄送的方式是24小时限时快递。三天后，俄亥俄艺术公司将特许授权合同寄给了我。

很快我的创意产品出现在各地的零售商店里，包括沃尔玛的展示架上。它甚至成了维迪斯麦片（Wheaties）的销售奖品。一天，我和妻子坐在电视机前陪三个孩子看动画片，乔丹壁式篮球架的广告出现了。乔丹在广告里说："这是我见过的最漂亮的篮板。"我看着珍妮丝微笑着，一副意料之中的表情。

一个聪慧博学的妻子认为不可能授权出去的创意只耗费了我不到一天的时间进行构思，15分钟的时间制作原型，然后利用一个星期的时间特许出去。这个创意销售了 10 年，创造了 25 万美元的特许收入。

如果做了市场调查，而且你的创意经过了"四点特征"的验证，那么你应该相信自己找到了最佳的选择。在创意经受最终的考验即递交给被授权人之前，你还需要做几件事证明和保护你的创意。

步骤二
如何证明你的创意有价值

你已经找到了中意的创意。市场调查表明你的创意很可能获得成功。现在,你一定急于开发产品,把它推向市场,然后等着收取特许权使用费。

但是请等等!

你做了必要的研究、分析和设计工作以证明你的创意有良好的市场前景吗?你证明了你的创意适合生产吗?你证明了产品的售价和成本能够产生良好的利润吗?

在投入时间、精力和资源制作原型、申请专利和寻找买家之前,你应该对创意做出评估并做好必要的准备,这样你就可以正确地回答出这些交易过程中的问题。

你的创意有市场吗？

传统的产品开发和授权模式是这样的：想到创意，形成草案，花费数千或数万美元制造原型。当然在这一过程中，你会遇到各种困难，不断回到绘图板前修改设计并重新制造原型。然后你又花费数千美元和几天、几周或几个月的时间（取决于你的专利查找和设计调整的周期）申请专利。一旦你的设计完成，开始申请专利，你需要花费3～4年的时间等待专利的通过。到那时，5～6年的时间已经过去了，你不禁问自己："现在我该做什么呢？"

20年前，当我看到这种情景时，我对自己说："那样做是错的，不适合我。"我知道创意要新颖，必须把自己的创意摆到货架上。那就是我的生活目标。如果每次都要为创意付出1万美元，我一定不会达成自己的生活目标。我的妻子也不会同意。我知道发明从某种意义上来说，是一个数字游戏。

我在幻想世界公司工作的时候，经常一次评估20多个创意，每年约有几百个，但最后只有很少的创意能够最终形成商品，为什么？因为有些创意没有正确的目标市场，不够独特，太偏离常规，没有吸引力，或者没有足够大的市场。总而言之，不是市场需要的、想要的或价格上能承受的。这意味着：创意没有市场。

我职业生涯的早期一直在思考这个"市场"问题。在那7年的时间里，我一直设计和制作动物或人偶毛绒玩具，并在任何一处能摆摊的地方，像街角、展会、集市、手工艺市场等地方销售自己的产品。我明白产品卖不出去就没有饭吃，所以在任何新的尝试之前，我都会试探市场的反应。我会制造少量的新产品，如果人们能立刻关注并询问购买，那么几天之内我就能搞清楚新产品的销售前景。

后来我成立了独立产品开发工作室，我不希望投入大量时间、财力和努力换来的是拒绝。为了说服潜在的授权对象，我需要证明我的创意有市场。实际上，在开发产品前我就决定弄清楚创意的销售前景。

那时我明白自己是适应市场需求做设计，而不是先设计，然后再看市场的反应。同时我希望授权创意的时候，不需要制作漂亮的原型或获得昂贵的专利。我想到了几个简单经济的、能证明我的创意会畅销并且易于生产和盈利的方法。我和我的学生用这些办法取得了很多成功。所以，你也能。

我已经提到了第一个也是最重要的一个方法：根据市场需求做设计。为了做到这一点，你需要评估创意的可营销性，然后相应地调整创意，重新定义目标市场，向你的授权对象表明你的创意会占领市场。

▶ 面向市场创新

经过努力你找到了中意的创意，你也了解了市场规模和目标市场。在这个过程中，你可能根据自己掌握的信息改进了创意。现在真正的产品设计工作开始了。你需要再一次仔细地、客观地、真诚地审视市场和你的创意，然后针对市场创新。

针对市场创新比针对市场设计更进了一步。创新的意思是真正新奇和令人激动的，是别人没有做过的，影响广泛的，拥有独特价值的创造。创新的一个独特特点是：你不一定要重新构建或引入革命性的新概念和新技术才能创新。你可以发现简单的创意，从全新的角度看待它，赋予它创新性的改进，然后产生吸引消费者的惊人效果，这就是企业梦寐以求的创新。这些就是我们完全有能力做到的创新，因为我们是消费者，我们知道自己喜欢什么和不喜欢什么。

研究市场。和同类产品比较，看看它们的相同点和不同点是什么。观察同一类别中的其他产品，再观察消费者喜爱的其他类型的产品。调查高端、低端以及中端市场。还缺少什么？有什么漏洞？以前的做法有哪些？哪两种技术或产品可以结合成更好的新产品？可以利用哪些新出现的市场趋势？

注重细节。这样你往往会发现改进产品的方法非常简单但效果却出人意料。静下心来，用全新的眼光看待你的创意，修剪和精炼你的方法，最大限度地扩展创意的市场可行性。有没有改进产品功能和样式的方法？能否增加产品的美感？能否填补市场的空白？能否让它变得与众不同？不断思考这些问题，保持开放性思维。如果发现了灵感，立刻记下，做相应的研究。考虑所有的可能性。

把每一件事情都记下，包括所有的研究笔记和设计思想。购物的时候，把你想借鉴的设计元素拍摄下来；把网上找到的图片打印出来；把创意的各种想法描绘出来；或像我一样把从杂志、产品包装、销售材料等处得来的图片剪切然后拼贴在一起。

记住，如果你的一个设计元素已经在市场上的某一产品类别中存在，那就表明你的产品可能在生产上是可行的，也就是说授权对象能够在保证盈利的情况下生产产品。当一家企业中意你的创意，它最关心的两个问题是"我们怎么生产"和"它的成本是多少"。而在这一步，即创作和开发创意的过程中，你只需大概确认创意在生产上是可行的。关注的焦点应该放在赋予创意独特性，吸引潜在的授权对象上。

我的一个学生基尼·洛马（Gene Luoma）曾开发了疏通下水管的家用工具。每家都有下水管，每个下水管都会堵塞。基尼研究了市场上的同类产品，想到了一个更好地解决这个普遍性问题的办法。

他观察到，如果下水管堵了，大部分人都先去用撅子疏通，不管用时，他们再使用液态或胶状的下水管清洁剂。但这种办法通常都不管用，而且昂贵有毒。还有的试图使用衣架或螺旋钻来解决问题，但如果不知道怎么用，很可能会损害水管。最后，人们迫不得已请管道工来修，但费用很高，并且要等待几小时甚至几天的时间。

基尼发明的 Zip-It Clean 牌疏通器比市场上其他的疏通工具都更有效。它是一个长条状弹性塑料工具，上面带有倒钩。把它放入下水道并前后扭转，就能把头发和其他堵塞物带出来。

▶ 评估创意的市场潜力

当构思、充实、精炼创意的时候，你很容易沉醉于创新和"主观"活动中。我的意思是：它是你的创意，你的智力和思维的产物，你的知识产权。但如果你想把创意变为产品并在市场上销售，你就需要在整个设计过程中评估创意的市场潜力。因为你最终要面对这个问题："你的创意有市场吗？"

找到这个芝麻开门式的问题的答案比你想象的要容易，只要你能找到下面这些问题的答案：

你的创意有吸引力吗？
谁会买你的产品？
他们为什么买你的产品？
他们会在哪里购买你的产品？
他们愿意为此支付多少钱？

如果在寻找和精炼创意的时候做了必要的研究调查，你应该已经掌握了回答这些问题所需的大部分信息。你应该已经发现了你的产品和同类产品相比的优势在哪里，同类产品在哪里销售，它们是如何包装和陈列的，谁在购买这些产品，它们的销量怎么样。你清楚自己的产品能够提供哪些同类产品无法提供的特性和价值。你调查了从高端到低端一系列产品类别，知道自己的创意适应什么样的市场。通过市场调查、和业内专家交谈、咨询你的导师、访问互联网和其他的地方，比如杂志、交易会和贸易组织，你掌握了所有必要的信息。

在制造原型、申请专利和向授权对象推荐你的创意之前，非常有必要回过头来审视创意的市场潜力。一方面，在寻找和调整创意的过程中，你可能发现其中的不足或新的改进机会。另一方面，由于市场变化很快，特别是受一些外部因素的影响，比如经济形势和新技术，今天看起来不错的创意明天就有可能过时。所以除非你真的拥有一个出类拔萃的创意，一个可以快速并容易地授权出去的创意，否则应做好更多的前期工作，反复评估创意的市场潜力。

理想的情况是你能够为创意做市场测试：小批量生产，分配给一些用户，收集测试数据，评估创意并做出相应的修改。然后你用这些数据说服授权对象生产并在全国或全球范围内分销你的产品。市场测试降低了风险，而且能证明你的创意是受市场欢迎的。但市场测试同样是昂贵和费时的。对于大部分独立产品开发者来说是无法采用的。

有一个简单实用的验证创意的方法，也能够获得反馈。我曾把一些作品放到当地的商店里展示，附带一个简单的调查表，询问客户对产品的印象，他们是否会购买产品，他们最喜欢其中的哪种设计。根据反馈我确定哪一款产品受欢迎，哪一款产品有销路。当然，不是所有的商店都允许你这么做。但那家商店就在我家的附近，我认识商店的老板，而且每完成一份调查表我都提供现金奖励。

另一种方法是生产一些样品，然后放到 eBay 和 Craigslist 上拍卖，或在谷歌上投放广告。这些测试让你了解产品是否有良好的市场反应。

没有人能预测自己的产品是否会受欢迎。即便每年花费几百万美元用来市场调查的苹果、可口可乐、通用电气等大公司也无法做到这一点。而且消费者是不易揣测的，他们的口味变化无常。所以最好仔细研究市场接受什么或不接受什么并相应地调整你的方向，以增加创意受市场欢迎的几率。

通常你可以用上述办法获得"你的创意有市场吗"这个问题的答案，

并且证明创意的市场潜力。当然很好地了解产品的潜在消费者也是非常有帮助的。你可以通过贸易组织和市场调查公司了解消费者的消费习惯，或通过互联网了解特定产品、行业和消费人群，比如青少年的信息。你越了解市场，越可能设计出在性能、价值和价格上为市场所欢迎的产品。然后，你就能利用这些信息说服潜在授权对象接受你的创意。

一定要根据你掌握的第一手信息客观地评估你的创意。有些产品开发者很顽固，即便市场的需求是清楚和明确的，他们也不肯按照市场的需求修改自己的创意。创新是为市场服务的，不要把时间浪费在没有市场前景的产品上。验证并定性、定量地评估创意可能获得的市场份额，要客观，不要感情用事。如果评估表明你的创意没有市场或没有足够好的前景吸引授权对象，你不如干脆放弃这个创意或者另外想办法令它受到市场的欢迎。

记住，许多成功的创意都是对现有产品做简单而杰出的改造。这些简单的创意能够保证在目标市场上最简单、快速地获得成功。

你的创意该如何生产？

无论你的创意多么优秀，如果无法生产或生产成本过高，都是无法获得授权对象的青睐的。

我在幻想世界公司工作的时候，对这个问题深有体会。当时我所在团队的成员来自工程、市场、销售等公司各个部门，我们负责评估来自外部的创意。无论我们多喜欢一个创意，如果它生产成本过高或无法利用我们公司现有的技术和销售能力生产，我们就不得不放弃这个创意。

从那时起，我审查了许多投来的专利、原型和图纸。我认为这些专利无法走向市场的一个主要原因是无法生产或成本过高，至少在设计阶段是如此。如果一个创意需要企业先花上几十万美元升级设备，购买昂贵的原材料或使用新技术才能生产，那么即便它在生产上是完全可行的，企业也很可能会对该创意失去兴趣。

企业感兴趣的创意必须符合以下几点要求：

（1）迅速、方便地使用现有的生产线，对生产流程没有大的修改要求；

（2）使用现有的销售渠道或与现有的渠道关系密切；

（3）生产和销售的成本及定价能够让企业盈利。

如果在设计产品、制造原型、申请临时专利、向授权对象介绍创意后，你才去掌握上面的信息就太晚了！你的时间和资源也是非常宝贵的。在设计的过程中就考虑之些，会省去很多麻烦，并且更可能获得成功。

▶ 创意在生产和成本上是否可行

为了向潜在的授权对象证明创意在生产上是可行的，你必须了解产品的生产过程和制造成本。你不需要成为一个生产专家，但需要对生产和包装过程中使用的材料、工艺和产品成本有一个基本的了解。这些信息是很容易获得的。

首先，如果在寻找和设计创意的过程中，你进行了必要的市场调查，那么，你就会发现可资比较的同类产品并记录下它们的生产材料和技术。这样做的目的是为了确认产品在生产和成本上是否可行。现在你只需要证明这一点。

如果生产产品的技术和设备是现行可用的话，那么应该如何生产这个问题就很容易搞清楚了，而且你也能够更容易地找到授权对象。潜在的授权对象希望在将你的产品推向市场时付出最少的工作和财力。如果它们必须为此购置新设备，修改生产流程，购买和测试新材料，培训生产人员，设计新部件或以其他方式改变生产、包装、分销体系，那就会面临很大的技术和成本压力。

　　对于企业来说，对一项创意产品的接受程度和该创意产品符合其现有生产体系的程度成正比。但这并不意味着你的创意必须使用与市场上同类产品完全相同的工艺和材料。实际上你也绝不希望设计一个"完全相同"的产品。你和潜在的授权对象都希望你的创意能够拥有独特的价值。如你所学的那样，最快、最简单的办法是对现有产品的简单改进和加强，或者搭配、混合使用两种不同产品的创意思路，或将新技术应用于旧有的创意。

　　有一些复杂的创意确实能得到企业的青睐。如果产品的市场潜力巨大，但生产复杂或成本过高，企业就不得不考虑是否值得付出额外的人力和成本。这时就需要你向企业提供足够的有关市场前景的信息，证明企业有能力和动力把产品推向市场。

　　无论创意简单与否，都要了解产品生产和成本的情况，否则很难找到一个合适的授权对象。另外，在没有弄清产品的生产和成本是否适合潜在授权对象之前就进行设计、制造和申请专利等一系列过程是无谓地浪费自己的时间和资源。

▶ 如何确定生产方式和成本

　　我在幻想世界公司的评估团队任职时经常接触来自各处的创意。许多创意都有独到之处，但能获得企业青睐的却很少。其中一个重要的原因就是生产成本过高。工程师根据成本决定是否生产产品，所以无论创意多么受欢迎，如果没有合适的成产成本，产品是无法投入生产的。

　　如果你的创意很简单，那么搞清楚它的生产方式和成本会很容易。如果你的创意使用了新技术、新材料和新生产方式，你就需要在本产品类别内做更多的研究调查。你还需要提供更有力的证据表明你的产品在生产和成本上是可行的。这就是为什么我建议从简单的创意入手，在经历几次成功的授权后再进行技术及成本更高的创意。无论哪种方式，都要获得必要的信息，以确定创意的生产方式和成本。

首选的获得信息的来源是，已经在该产品类别内成功授权创意的人或有类似产品生产经验的人。这些人可能是你的导师，也可能是你曾在贸易展览、行业组织接触过的或贸易杂志上介绍过的专家。

另一种确定创意在生产和成本上是否可行的办法是从生产同类产品的代工厂那里获得信息。代工厂存在于各行各业。它们不仅为大企业生产产品，也服务于小企业。有一些代工厂还生产和销售自己品牌的产品。

你可以通过贸易组织和代工厂取得联系。贸易组织设立的目的就是帮助成员相互取得联系。我建议你联系产品所属行业或产品类别的贸易组织，询问3～4家本领域内的制造商的信息。从协会的角度看，提供厂家的信息会给成员带来商机，是双赢的效果。

一旦获得了这些信息，你就可以打电话给厂家。我一般会说："我正在为客户做一项设计。我想把图纸发给你们，了解你们的报价。"

销售代表会全力帮助你获得所需的信息。但不要忘了签署保密协议，并为自己的创意提出临时专利申请。

我通常会发过去一张设计图，并在上面标明"专利所有"的字样，这样他们会知道里面包含有受知识产权保护的内容。这是我使用的一个小办法。我总是提供几个不同的订货量，这样可以获得不同的定价折扣和单位生产价格。比如我会询问万、十万、百万等量级的单价。销售代表会给我提供报价和其他必要的信息，因为他们非常想获得订单。这种方法很聪明吧。

有时我会联系生产厂家的工程师，问几个生产方面的问题，只要不涉及商业机密，他们一般都会乐于回答。有时还会滔滔不绝地介绍，因为他们也非常高兴有人对他们的工作感兴趣。

如果销售代表或工程师告诉你无法生产你的产品，询问为什么？这样你可以了解生产流程，然后根据需要重新构建或设计。你也可以从销售代表和工程师那里打听哪家企业能够生产你的产品，然后联系那家企业了解生产方式和成本的情况。

很多发明者和独立产品开发者都忽略了这一步骤，他们在设计过程中毫不考虑生产的问题。我想那就是大部分专利都没有实用价值的原因，因为无法制造出来。甚至一些工业设计公司也犯这一错误——过度设计产品，即设计成本过高的产品。我之所以了解其中的曲折，是因为我在幻想世界公司的工作的内容中，有一部分就是从外部发明者或工业设计师那里获得创意，然后绞尽脑汁重新设计以适应生产的需要。

不要犯这样的错误！不要在授权对象面前被"我们如何生产"或"它的成本有多少"这样的问题打得猝不及防。在推介自己的创意之前就要搞清楚问题的答案，甚至在设计阶段就要考虑这两个问题。这会让授权对象感到你非常专业，知道如何让创意为企业产生效益。

▶ 为生产和盈利而设计

只有在研究了生产和成本后，你才能确定创意在生产上是否可行。有时调查研究会明确无误地表明，没有任何替代方式或成本上可行的方式生产你的产品。大部分情况下，你需要回到绘图板上重新研究、构思和构建你的创意，为企业找出一条可行的、能产生效益的方法。

我的几个创意就是由于技术上复杂或生产成本过高而放弃，真是非常令人失望。在投入大量的时间和财力开发一个创意前，我都会先从几家代工厂那里获得必要的信息，然后再做出决定。比如我重新设计了旋转标签使其成本降低了50%。

我的一个学生打算在卫生纸上做新的创意。不幸的是，她在完成设计和专利申请过程之前没有参加我的课程，也没有从代工厂那里了解产品是否可以生产。后来，她得到的回答是无法生产，但同时工厂也告诉她怎样做才是可行的。这个信息让她有机会重新设计自己的创意，然后申请了临时专利保护创意，重新向同一家企业提交了可行的方案。当然，她最初的专利毫无价值。

虽然有时你不得不决定放弃自己的创意，但也不要轻言放弃。在这场游戏里，激情和坚持常常能带来丰厚的回报。所以坚信你的创意，同时保持灵活性。做好基础工作和分析，为市场、生产和利润而设计，但也要追随自己的灵感和直觉。如果你能（至少在开始阶段）注重简单的创意，你将成功地把你的创意引入市场。

需不需要制造原型

传统新产品发明和设计的方法遵循下面的路径：

你痴迷于某一创意并决定把它推向市场。你完全不知道它在生产和成本上是否可行，也没有经过企业的验证，但你担心创意可能被剽窃，所以申请专利，就这样你付出了1万美元。然后你制作了原型，又发现问题多多。你的产品无法制作或与设想的大相径庭。现在你已经花了不少钱，但没有任何可以向潜在授权对象展示的东西。然后你又回炉重新设计、测试和制作了另一个原型，再次申请了专利。现在你已经在这个创意上花费了2万美元，但仍然无法知道能否被企业接受，更不知道如何改进以适应企业的需求。想一想这些都头疼，对吧？

不知道有多少人只能把自己花2万美元申请到的专利证书挂在墙上，但在市场上却占不到一席之地。我想这些人的亲戚朋友一定会瞥着这些证书想：你为什么花这么多钱在这个笨主意上？我不仅见过许多这样的事例，而且亲身经历过。这就是我为什么早前说"忘掉制作原型，忘掉申请专利"。寻找其他途径证明和保护创意，将避免很多无用的原型制造和专利申请过程。

我离开幻想世界公司后不久，就和拉塞尔·希克斯（Russell Hicks）

结成了伙伴。拉塞尔以前负责为泰迪熊华斯比做绘画。每当我想到一个创意,拉塞尔就会把它画出来。我负责写价值陈述,然后我们一起制作宣传单。有时,我们会一起制作比例模型,拍照,并把它放到宣传单上。然后我们给企业打电话。如果获得积极的反应,我们就会把创意传真过去。如果企业接受创意,我们就继续设计;如果企业不接受,我们将根据自己的研究和分析,包括企业的反馈等,决定是否回到绘图板上重新设计或干脆放弃。我们既不关心怎么去制作精美的模型,也不在意如何去申请专利。

    从那时起我完成了很多同样的过程。在那些送往企业的创意中,我从没有花费超过 100 美元以上去制作模型,在一些创意的特许过程中甚至没有使用任何模型。其中的重要原因是,我倾向于创作轻易让企业理解的简单创意,无须使用复杂和昂贵的模型。

    即使你的创意很复杂,在得到授权对象的青睐之前,你最好也不要花费太多的时间和金钱在制作原型上,这点非常重要。在我看来,最重要的事情是,在投入不多的前提下,开发他人也想推入市场的产品。所以与其制造一个形态、功能上和成品相似的模型,不如寻找一个经济有效地展示创意价值的方法。当然,由于新技术和新材料的应用,有时你需要制作原型来证明产品的设计和功能是可行的。但即便如此,你也不一定需要完全体现你的创意的工程原型。通常我会制作一个简单廉价的模型,我称之为"伪"原型,然后提请有条件性专利申请以保护创意。我把"伪"原型送给潜在的授权对象,等待对方的反应。我甚至无须送出模型本身,而代以附有照片的宣传单或视频。我认为只要我能向企业阐明,它将如何从我的创意上赚到钱,它就会乐于获得特许权——有的公司会想要一个精细的模型,那它就会支付相关的费用。

    另一个需要记住的事情是,在向企业提交简单廉价的模型时,我不仅期待特许我的创意,也希望获得对方的反馈。我希望企业告诉我为什么喜欢或不喜欢我的创意,哪些方面行得通,我应该如何让创意在生产、营销和效益上更有利于企业,这最终也是为了我本人的利益。这样我就可以在设计、制造原型和申请专利等过程中不断完善我的设计。

▶ 原型的类型

你需要通过实体或视觉形式向你的潜在授权对象介绍创意。你可能还需要制作个模型来自用。时机成熟时,制作原型的益处之一是它有助于改进创意和修改设计。

原理型原型

原理型原型是用来在机械、化学和电子方面演示你的产品是如何工作的,或者部件、工艺和技术该如何应用。它本质上是"概念演示",不需要看起来像最终的成品,甚至可以制作得非常丑陋。它不需要包含创意中所有的"功能"元素,只需展示"功能"元素使用了与众不同的新技术或回答其他值得关心的问题。

向企业展示原理型原型的最佳方式是产品录像,因为你不想授权对象收到一个粗陋的原型。你只想演示概念,而不是制作价格不菲的玩具。使用家用摄像机等设备录制视频,然后上传到网上,在设置里限制只有经过允许的人才能观看该视频即可。

我的学生汤姆·克里坦森(Tom Christensen)制作了一段自己的产品视频,该产品名为 DisClub,即一种普通人都能扔出 2 个足球场距离的飞盘。汤姆制作了一个简单的模型,拍摄了一段两个人做游戏的短片。在视频里,你可以看到飞盘的样子,它像汤姆所宣称的那样工作。如果他仅给授权对象寄送了宣传单和模型,那就失去了展示产品特性的机会,无法演示飞盘飞行 200 多米的神奇效果。企业的销售人员看到这段视频后,告诉总裁一定要引入这个产品。汤姆的视频证明了他的创意,最终帮助他将创意成功授权出去。

形态型原型

形态型原型可以是创意的视觉影像或实体展示。无论你选用哪种方式,它的目的是让你以最经济、最有效的方式向你的潜在授权对象展示创意的形态。"视觉"意味着你能看到但不能触摸到物体。视觉影像可以是一维的（比如纸张、照片、数字图片等平面形式）或三维的（比如计算机模型）。"实体"是由纸、泥、木或其他材料制造的三维物体，供自己实际研究和评估之用。但一个实体模型不必做得面面俱到，比如模型的正面可以做得和实际一致，但背面可以是一维的或空白的。你不必每次都要向潜在授权对象提供实体模型。通常你只需拍摄一张实体模型的照片即可。

对许多创意来说，形态型原型不必是最终产品的精简形态。有时，一张简单的绘图或临时的模型就足够了。形态型原型就是一张富有感性的图纸或最终产品的3D渲染图。我的一个学生制作了一个逼真的3D计算机模型向一家企业展示，结果这家企业立刻就想订购他的产品。

有时潜在授权对象需要很长时间评估你的精简模型。一定要保证模型的制作在时间、经济性和实用性上都符合自己的需要。创意授权的机遇转瞬即逝，一定要找到最经济有效的方式展示自己的创意。

原理型／形态型原型

原理型／形态型原型是演示最终产品的功能和形态的功能性实体模型。根据模型的复杂程度，模型可以分为涵盖部分设计元素的原始模型、涵盖大部分或全部设计元素的高似模型和涵盖全部设计元素的精确模型。

许多独立产品开发者认为他们需要制作高似或精确模型。大部分复杂和昂贵的模型都是出于这样的想法。但这么做既不必要，也不明智。一旦你找到了授权对象，你的创意在初步设计阶段和产品开发阶段极可能还要经历多次改变。在采取这种方式前，一定要确定你确实需要一个原理型／形态型原型帮助你设计和特许创意给企业（记住你销售的是独有价值而不仅仅是某种特性）。

如果确实需要同时展示创意的工作方式和形态，也一定要使用最简单经济的途径。如果可能，模型仅需展示必要的设计元素。有时，同时制作一个粗略的原理型原型和一个经济的形态型原型比制作一个原理型／形态型原型更经济、更快速有效。我通常会制作一个展示原理的初步原理型原型，一个精致绘图或计算机 3D 渲染图形。两个简单的原型可以发挥出一加一大于二的效果。

在我授权出去的创意中，还有没使用过任何模型，只有价值陈述和一张宣传单的情形。我甚至只使用了一个价值陈述就特许了 Sweet Darts 牌飞镖。价值陈述的内容是："吸盘式飞镖，带有文字'爱上你的脸庞'。"

记住，你销售的是产品价值，而你的想法会随时发生变化。你会对创意进行改进，潜在的授权也需要你对创意进行改进。因此，在制作模型以前一定要搞清楚一点，那就是该产品的价值是否足够吸引企业。

所以我的建议是不要在完善模型上太费心思。大多数情况下，企业并不要求你提供精美的原理／形态型原型。它们知道制作原型要耗费很多时间、成本、资源和步骤。你只需以最经济、最省力的方式完成创意的必要展示即可，如果企业有兴趣，它们会帮你完善创意和原型。通常企业愿意负担最终产品开发、制作原型和测试成本的一部分或大部分开支。

▶ 制作廉价原型

有很多低成本的方法可用来制作形态型原型。下面是一些成本上和效果上都不错的办法。

"组装式"原型

这是我最喜欢的制作原型的方法。通过分解和组合一些与你的设计元素功能相近的简单部件，就能创造出一个"组装式"模型。我的乔丹壁式篮球架就是一个例子。我找了一张乔丹双手腰部持球的海报，按照篮板的大小剪切乔丹的形象，但不包括篮筐部分，然后我买了一个 Ohio Art 生产的室内篮球架，拆掉它的篮板，把乔丹的形象粘贴上去。这个原型使用的材料成本不超过 10 美元，花费的时间只有 15 分钟。

另外一种办法是使用陶土和喷漆改变你在商店购买的产品的材质、颜色和形状。

搭建或雕刻模型

工业设计师经常搭建或雕刻与最终产品形似但材质不同的模型。他们常用的一种材料是发泡板。发泡板易于切削，比陶土容易上手。发泡板很贵，但如果你的创意小巧并且可以利用这种材料很好地展示，那么它将是很好的选择。

陶土和木材是其他用来制作形态型原型的材料。一些模型是通过使用木材、金属、橡胶、布料等搭建而不是雕刻而成。这个过程需要切割、粘贴、锚定、缝合或结合材料。

搭建或雕刻模型时，可以利用市场上的现有产品，再用陶土或喷漆改变它们的形状或形态。

纸质或纸板模型

我一直用纸张或纸板制作的模型展示我的创意，并且花费极小。你可以打印或使用颜料让纸张看起来像塑料、木质、金属、玻璃、石头或其他材料。你能够自由裁剪和粘贴出你需要的形状与搭配，就像立体拼图和折纸一样，但需要不断练习或请艺术家制作。纸张的颜色多种多样，你也可以让它变成你需要的颜色。你可以把照片、字母、图像、布料或其他材料粘贴到它的上面，你甚至可以用纸张或纸板为你的产品制作包装样式。纸张的多用途、廉价让它成为制作模型的理想材料。

当然，这样的原型靠近看会很假。但这里有一个小技巧：拍摄照片。照片很有欺骗性，能让原型看起来更逼真。照片还可以使用 Photoshop 等软件添加材质或其他元素修改。

我的一个口袋棒棒糖的创意就使用了这样的办法。口袋棒棒糖是把瑞士军刀上的刀具和工具代之以棒棒糖。我用纸张和商店里买的棒棒糖制作了模型，还拍了照片。在照片里，模型显得很真实。

Spinformation 旋转标签是我最成功的创意之一。我在当地的金考

(Kinko)复印店里用刻刀、彩纸和胶水完成了整个过程。一年以后，这个产品由阿莱克斯·特雷贝克（Alex Trebek）演示并在沃尔玛里销售。金考店里的店员看到电视上的产品是在他们那里完成的，都非常吃惊。

硅胶模具

我知道有人以几万美元的代价制作塑料或金属注塑模具，然后为自己前景不明的创意申请昂贵的专利。这就是独立产品开发者所犯的代价最高的错误之一。生产企业应该为注塑模型付钱，而不是你。99%的情况下，如果企业对你的创意感兴趣，一定会在制作注塑模型之前要求你修改设计。

但如果你确实需要一个完美的模型，而磨具是实现这一点的唯一选择，你也不需要在塑料或金属注塑上花费1万～2万美元。如果你的创意产品不大，你可以在厨房里制作硅胶模型，费用不到100美元。学习制作硅胶模型就像教授学前班的学生系鞋带一样简单。下面简单介绍一下制作过程。

（1）制作创意的仿真模型。仿真模型在形状和大小上与最后成品非常相似。你可以用陶土或木材塑造模型或雇人来做模特。比较简单的办法是根据需要修改现有的产品，让它在视觉效果上完全体现你的创意。

（2）使用发泡板和胶带制作一个四方形的盒子。盒子四周距仿真模型至少留有6毫米的空间，并去掉盒子的顶盖。

（3）把仿真模型放在盒子里，倒入硅胶，填充盒子与模型之间的空间，等待硅胶硬化。

（4）翻转盒子，把硅胶倒入盒子的另一面。

（5）在硅胶硬化后，移除仿真原型。这时盒子里留下一个和模型一样的空洞，就是你的模具。

（6）封闭模具，在上部开一小孔，用针管注入液态塑料。

（7）等待塑料硬化，打开模具取出原型。

通常可以用同样的模具制作几个原型，最多能够做50～100个，这些原型看起来制作得非常专业。

塑料吸塑

另一种替代注塑的方法，是使用真空成型机制作产品的薄壳外形。许多包装都使用了塑料薄壳，比如用于包裹饼干的托盘外壳就是热塑成型的。

它的工作过程是：先用陶土、木材或其他材料制造仿真模型，再将模型置于真空成型机内，上面覆盖一层塑料，开动机器。真空成型机在加热塑料的同时从下面吸取内部的空气，使塑料融化成模型的形状。塑料冷却后移出仿真模型，产品的塑料外壳就形成了。

你可以在当地寻找真空热成型工厂。小公司是最佳的选择，夫妻店或个体小店更是待客如宾。

立体印刷／快速成型

许多企业和个人都使用这种成型方法，但首先要在计算机上设计和建模。文件上载到机器后，机器将液态塑料一层层铺成立体模型。市场上有多种快速成型技术：一些机器将 ABS 塑料融化，逐层铺设成模型；另外一些机器像电影终结者中的设备，你的模型逐渐从液态物质中升起，并由激光精雕硬化成型。

利用这项技术，你需要别人帮你利用电脑辅助设计软件（CAD）建模，还需要拥有快速成型机器的服务商。如果本地没有此类的服务，你可以将你的 CAD 文件和地址邮寄给快速成型服务商。在模型完工后，服务商会将模型按你指定的地址邮寄给你。

快速成型和立体印刷技术在 20 世纪 80 年代出现，近年来已经变得非常经济实用。小型成品的印刷成本不超过 100 美元。该技术可以使用多种材料和颜色制作模型。尽管立体印刷／快速成型技术可以经济有效地制作模型，但计算机建模对许多人来说是个不小的难题。所以一定要弄清楚这种模型制作方式是否适合自己。如果适合，那么就去咨询 CAD 的报价并从学生或刚入行的从业者那里寻求帮助，也许他们会给你比较优惠的价格。

虚拟模型

虚拟模型的范围广泛，从纸上的黑白铅笔画，利用 Adobe Illustrator 图形软件渲染的全彩色数字图片，到电脑动态立体模型都是其覆盖范围。但它需要艺术设计技能和大量的培训实践才能驾驭。如果你没有必要的技能和软件，那么还是找这方面的专门人才为你搭建虚拟模型为妙。

如果你确实需要一个精美的形态／原理型模型，并且有足够的时间和财力制作模型，那当然没问题。但是 90% 的情况下都不需要你这么做。通常你总会发现更快速、更经济有效的制作模型的方式，然后和出色的宣传单一起呈现给你的潜在授权对象——这种办法对易于展示价值和特性的简单创意特别有效。

无论制作何种模型，记住一定要把它附到宣传单上。很多时候，宣传单是唯一真正能打动企业，保证授权成功的"模型"。

步骤三
如何保护你的创意

你已经构思和完善了自己的创意,现在你要给它打上拥有者的标记,这样他人或公司就无法盗用你的想法了。

但是匆忙去申请专利真的最符合你的利益吗?也许不。

专利真的能保护你的创意吗?有时不能。

还有其他办法来保护你的创意吗?当然有!

保护创意的妙招

首先我要强调这么做的重要性。如果你想进行创意授权，你必须研究当地有关专利、临时专利和知识产权的法律。

在美国，并且仅仅在美国，专利保护实行"先发明制"，这意味着首先提出或实现发明的人将受到法律保护（美国专利法规定，当同一发明多人申请的情况发生时，专利权要授予最先完成发明的人，而不是最先提出申请的人。——译者注）。而在其他绝大多数国家，专利授予基于"首先申请"，即专利授予根据的是申请日期而非实际发明日期。

这是不是意味着你需要抢先申请以获得正式的专利保护呢？不一定。在一些国家，以澳大利亚、日本、英国、中国为例，"临时"专利申请（我将在后面的章节讨论）允许发明人获得一个优先权日期（Priority date）和一个有效期为一年的临时专利号。最终或正式的专利申请必须在临时优先权日前12个月内提出，否则原始申请日期将失效。

另外，在大多数国家，发明人和接受发明人展示创意的一方，他们之间的保密协议赋予了发明人在提出临时性专利或常规的专利申请之前保护专利的法律效力。这是实施"首先申请"原则国家的通用做法。

所以我建议大家一定要研究自己国家的知识产权法！本节的其他阐述是基于美国的经验所做出的。

企业或发明人在发明新产品、新工艺或新技术后做的第一件事就是立刻申请专利。他们害怕别人偷取自己的创意，所以急于在别人知道他们的发明之前，在发明上刻上所有权标记。这么做可以理解，因为他人侵犯专利的风险是存在的。尽管可能性不大，但确有此事发生。

但更可能的结果是，当你等待获得专利时，创意的市场机遇也随之消失。记住，游戏的首要规则是"先入市场者胜"。如果你无法及时将创意引入市场，他人可能会捷足先登。别的企业或大公司会借类似的产品抢先获得巨大的市场份额，而只留给你极小的空间。

同时你已经为获得专利花费了1万~2万美元，3~4年的时间。这个过程不像有些人说的好比外出就餐一样简单快速，因为申请流程通常耗费上万美元和大量的时间。

而且，最初的创意和最终完成的创意一定有差别。创意在开发的过程中要经历一系列的改进。如果你过早申请专利，那么接下来你可能不得不因为设计变更提出新的专利申请。一路下来，改变越多，申请的专利越多。也许你找到的潜在授权对象对你的创意有意但不完全认同，所以你要不断地改进和申请专利。这种从设计到专利的传统方式代价高昂，会耗时数年。

在创意进入市场的过程中另外一个保护创意的聪明办法是做临时专利申请，当然有些创意需要正式申请专利。但是与专利律师和传统发明人的说法不同，这个办法让你在专利申请的时机或费用支付人的选择上有更大的控制权和弹性。

▶ **专利申请的一般过程**

在求助专利律师或向企业介绍你的创意之前，对知识产权的保护和相关程序有一个全面的了解有助于节省大量时间和金钱，减少麻烦。我的建议是，在你想要以创意授权为业之前，要尽可能地了解专利、版权、商标等方面的知识。

我不是法律专家。即便我是法律专家，全面介绍所需的专利知识足够再写一本书。所以在本节中，我将介绍一些基本的知识，分享我的学生的一些经验。但我希望你能从其他途径获得专利知识。美国专利商标局是绝好的信息渠道，其他国家也有类似的机构。

什么是专利

专利是授予设计、发明、创造新的（新颖的）和原创的（非显而易知的）产品、工艺和技术的个人或团体的法定财产权。专利赋予专利持有人在特定期限内独家制造、销售和使用发明的权利。在专利持有期内，专利持有人可以授权（特许）另一方（被授权人）生产、销售、使用发明或将专利出售（转让）给他人或团体。

专利由一国的国家管理机关授权，并且仅在该国有法律效力。在美国，专利由美国专利商标局授予。具体情况请咨询当地的专利管理机构。

专利类型

美国专利商标局授予三种类型的专利：

（1）外观设计专利（Design Patent）；

（2）植物专利（Plant Patent）；

（3）发明专利（Utility Patent）。

下面是有关专利一般范畴的介绍：

（1）能够有性（有种子）或无性（无种子）繁殖的新型植物品种（植物专利）。

（2）对某一实用产品进行装饰性外观、结构、装饰设计或形状等方面的再改进（设计专利）。比如改变瓶子、椅子、眼镜框、项链、计算机标识等外观。

（3）新的商业或生产模式（发明专利）。

（4）新的实用装置、机械、自制件或物质组合（发明专利）。大部分企业、独立产品开发者或小企业的发明都属于这一类别。

（5）计算机程序或程序使用的算法（发明专利）（只有软件使用的算

法才能被授予专利）。

有些发明可以同时获得发明专利和外观设计专利。实际上，很多发明获得了两种以上的发明专利或外观设计专利，或两者兼具。

专利的有效期

外观设计专利的有效期为自专利授予之日起14年，植物专利的有效期为自申请之日起20年，绝大部分发明专利的有效期为自申请之日起20年。与外观专利和植物专利不同的是，发明专利需缴纳特许维护费，一般为3年半490美元，7年半1240美元，11年半2055美元。费用因被授权企业的规模大小（500人以下为小企业）而异。如果不能支付维护费，专利将依法终止。

申请专利的成本

发明专利的成本大约为8000美元，包含律师费，但具体会有不同。外观设计专利申请成本较低。鉴于大部分发明需要申请多项专利，单一发明花费1万～2万美元也属寻常。

专利的申请过程要多久？

每个专利申请都由一位专利审查官负责，这一过程至少要24个月甚至更长。很少有专利可以一次审查通过。通常，审查官会向申请人提出一些问题，并要求提供更多的信息、图纸、文件和解释。实际上，专利审查过程要提交几轮的"解释"，然后等待回复。

上述过程很可能要耗费3年时间。审查员可能会拒绝专利申请中的一些要求，甚至否决专利申请。然后你再申请复议或上述，但这一过程要拖延得更久。这样你就明白为什么专利申请需要3～4年的时间，而且不能保证获得专利。

什么是临时性专利申请？

临时性专利申请（PPA）是美国专利商标局1995年实施的举措，只需以文字和图纸说明发明的制作和使用即可。临时性专利申请只适用于发明专利，通常有效期只有 12 个月。此后，你或者提交常规的专利申请，或者让它过期。

▶ **临时性专利的作用**

要在创意行业获取成功，你必须向许多公司展示多种创意。仅向几家公司提交一种或几种创意产品是不够的。临时性专利可以让你以快速、简便、经济的方式，向尽可能多的公司介绍你的创意并且获得保护。临时性专利申请的目的是，让你在进入费时费力的常规专利申请前，从潜在的授权对象那里获得充分的反馈，进而修改和完善你的设计，让创意产品在生产上和特性上都适合企业的需求。

临时性专利申请有许多优势：

（1）申请费只需 110 美元。

（2）申请过程简单易行，无须求助律师。

（3）无须提交常规的专利申请文件。你只需递交简单的设计图或模型的照片即可。

（4）它和常规专利申请有同样的法律效力。

（5）它的有效期为 12 个月。你有足够的时间做设计工作和寻找潜在的授权对象。

（6）你可以在向潜在授权对象递交的文件、图纸、宣传单、照片上注明"已申请专利"的字样。

（7）只要你申请了专利，你的竞争对手就无法盗用你的创意。实际上美国专利商标局在你提交正式的专利申请或发生专利争议前甚至不会阅览你的专利文件。

（8）你在设计过程中可提交不止一项临时性专利申请，并为每项申请支付费用。一旦设计完成，可以考虑把各临时性专利申请整合提出常规专利申请。

（9）它确立了正式专利申请的日期。如果你后来决定走常规专利申请的道路，那么临时性专利的申请日期就是你的正式专利申请的日期，将延长你的专利有效期为 20 ～ 21 年的时间。

大部分的律师都不推荐临时性专利申请。他们希望做全面正式的专利申请，当然他们可以从中赚到更多的钱。另一个重要原因是律师撰写临时性专利申请和常规专利申请的工作量是一样的。

你可以自己撰写临时性专利申请。我推荐你使用 Patent Wizard 这个软件，用它制作专利申请，非常有效。

根据我的经验，临时性专利申请是最有效的保护和授权创意的工具。它不仅保护你的知识产权，而且让你专注于设计和寻找授权对象上。一旦完成临时性专利申请，你就可以马上给潜在授权对象打电话，听取他们的反馈意见，然后把他们的反馈意见纳入设计中，确保获得潜在授权对象的青睐。

但是完成临时性专利申请不是你向潜在授权对象介绍创意前的第一步！首先要做的是调查工作，即你的创意在生产上和销售上是否可行；然后再申请专利和联系企业。如果你在做调查之前就申请专利，那么你已经在还没做好准备前就启动了为期一年的保护期。如果负面的反馈信息让你失去了继续设计的勇气，那么你也会白白浪费掉专利申请费。

▶ 发明者日志：证明"首先发明"的必要手段

在你设想提出临时性专利申请之前，实际上从你想到创意的那一刻起，你应该开始记录日志并不断更新。一本翔实的日志将是你保护自己创意的第一道防线。

根据美国的法律，知识产权将授予"首先发明"者，而不是首先提出专利者。所以把你的创意自形成之日起就记录下来是非常重要的。要把每次的设计变更，直到最终的设计、授权和生产过程都要记录下来。为此，我强烈建议你把每个创意的日志都保存好。

记录始于创意的提出日期，包括详细的创意描述、图纸和模型。按日期的先后记录采取的每个步骤，包括每次对创意的改变；原型和测试数据的记录；辅助性图纸、计算机辅助设计渲染、技术规格、计算过程等；与行业专家和潜在授权对象或专利律师的对话记录；记录要尽可能地详细，比如每个参与者的全名和扮演的角色。保存好你在制作模型和宣传单的过程中使用的材料的购货收据。

为了保证日志的法律效力，日志应该符合下面的几点要求：

（1）日志应该是装订好的。这样任何缺页的情况都可以体现（最好是预先编号的笔记本）。不要使用散页的记录本。

（2）不要出现跳行或跳页的情况。

（3）每天记录都要注明日期，并用钢笔书写（不要用铅笔）。

（4）每条记录都要有第三方的签字和日期，表明他们明白条目的内容。第三方可以是除家庭成员外的能够理解日志内容的任何人。

日志的目的是证明你的创意来自原创，并在一段时间内对其持续改进。日志对于创意的完全保护是至关重要的。

如果你还没有开始记录日志，那么要尽可能准确地回忆每一个过程，包括什么时候想到的创意，什么时候着手工作，目前完成的工作有哪些或者其他的一些细节。

如果创意的所有权引起争议，那么有着最详细和准确记录的一方获胜的可能性最大。在面对潜在授权对象的时候，一份完整的发明者日志和临时性专利申请将给你全面的保护。

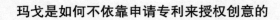

玛戈是如何不依靠申请专利来授权创意的

玛戈（Margo）的创意是为冰箱里的食品和饮料贴上新颖的标签。我之所以喜欢这个创意是因为它简单：就是带有各种颜色的橡皮带。你可以在上面写上名字、日期或其他你想写上的内容。玛戈在把这个创意提交给企业之前做了临时性专利申请。她的律师告诉她如果没有拥有知识产权，任何企业都不会接受她的创意

（我后来告诉她并非如此）。另外，专利律师还告诉她，她所中意的企业（该企业80%的市场是玛戈的理想市场）不会为其创意的海外销售支付特许费，即便她最终获得专利批准。

玛戈还是给那家企业打了电话。实际上，她给市场上的每个主要厂家都打了电话。在和主要的供应商通话后，她知道自己的创意很适合这些企业。她不但了解了企业操作和处理其他产品的过程，而且因企业对开放式创新和创意的接纳而深受鼓舞。

后来那家企业接受了玛戈的创意。尽管她的临时性专利申请只在美国有效，她还是收到了产品在海外销售而产生的特许费。另外，作为授权合同的一部分，企业同意在她没有获得专利批准的情况下继续支付特许费。

玛戈明白先入市场者胜。她使用临时性专利申请保护了创意。她研究市场，确定最合适的授权对象。她不必为专利批准等待3～4年，也不必为海外专利申请花费大量金钱。玛戈明白，获得授权的企业不期望她在世界各地都申请专利，企业会为所有的销售支付特许费，就像这家企业的CEO说的："这是你的创意。"

当然不是所有的企业都像玛戈遇到的一样慷慨和富有灵活性，但有一些企业确实是这样的，因为它们明白抢占先机的重要性。我的学生正越来越多地依靠临时性专利申请授权创意。

▶ 怎样获得一项专利

对一些产品和行业来说，你完全不必提出常规的专利申请。在玩具、新奇物品和礼品、时尚商品等领域，由于产品周期很短，大多数企业不需要把专利作为购买创意的必要条件。

但对于复杂的创意，最好提交某些类型的专利申请。有的还需提出多项专利申请，就像我的律师约翰·福瑞尔（John Ferrell）所说："构建一道防护墙。"这道"防护墙"上的红旗将告诉入侵者你会保护自己的知识产权。毕竟专利只让你成为形式上的拥有者，任何事情都是可以提起法律诉讼的。"防护墙"可以吓阻那些不诚实的人提起恶意诉讼。

当需要申请临时性专利的时候，你可以和你的授权对象协商让其支付或部分支付与专利申请有关的费用。即便企业同意为你的专利支付申请费用，你（和你的律师）还控制着申请和文件工作的主动权。

无论创意大小与否，申请和保护专利都需要大量的时间、金钱和专业知识。虽然我自己甚至连临时性专利申请都不愿意做，但我建议你在申请专利的时候还要寻求律师的帮助。

选择合适的律师

专利律师的水平良莠不齐。我有13个专利和几十个海外专利，在特许创意的过程中和很多律师共事过。根据我的经验，找到合适律师最好的办法就是别人的推荐。

你可以从有过专利申请成功经验的发明者，特别是从同产品类别的发明者那里获取需要的推荐。如果你的创意在技术上很复杂，我同样建议你聘请在该领域有专业特长的律师来为你服务。我想特别强调这样做的重要性：仅仅精通专利知识是不够的，律师还应掌握正确的专业术语和该产品类别的详细情况，这样他才能深入理解设计和每个专利的细节。聘请在该行业有专业背景的律师，其效果远超聘请邻家的普通律师。我的律师距我的驻地有2小时的车程，我们通过电邮、传真、电话和快递等手段保持联系。在过去14年的合作中，我们一共只接触了十几次。还有，一定要保证聘请的律师是在美国专利商标局注册的。

联系律师前做好相应的调查

在和专利律师联系之前，一定要尽可能多地了解专利申请过程和知识产权等方面的知识，掌握好创意产品是如何生产的，并记录下生产的流程。

然后检索已申请的、类似的专利的相关"信息"。通过相关信息的研究来确认自己的创意的独创性以及与类似产品的不同之处。你可以使用谷歌或美国专利商标局的搜索引擎查询。你不需要是这方面的专家,但你得掌握必要的知识。通过实践,你也能成为行家。这样你才能告诉律师应该在专利申请中提出什么样的主张。我会制作一个清单,说明我的创意和类似产品的不同点。我不希望律师擅做主张,我希望控制整个过程。

一定要保持发明日志的更新和完整,而且为全面演示创意而制作更多的文档和图纸。我通常自己绘图,这样既节省支出又便于构思创意。我不建议每个人都这么做,但如果你确实具有绘图的能力,那么自己绘图的过程会让你对创意有更深入的理解。

记住:律师表现的好坏和你提供的信息成正比。

和律师见面并确定报价

大部分专利律师通常在初次会面时,并不收取费用或只收取较低的咨询费。在见面时,律师会告诉你他们接下来的工作过程和费用。要向律师要求书面的报价,并要求报价里包含全部事务活动的开支。因为律师为了获取专利批准很可能在美国专利商标局之间往来多次,所以成本会相应上升。别忘了,你要和律师一起工作多次,你与律师的每一次通话、电邮、传真和见面都要付费,所以对实际花费会超过预期这一点,你要做好心理准备。

如果初次会面后,你对专利律师的印象不好或者专利律师不愿意承接你的事务,那么就要另寻人选。这个过程会很漫长,也具有挑战性。因为你要确信律师不但非常理解你的创意,而且能够一直支持你。

积极参与申请过程

一旦确定了律师,他要做的第一件事就是雇用第三方做专利相关信息的调查。你和你的律师将审核这些信息。你可以在这一过程中发现律师可能遗漏的信息。

和律师一道制定保护创意的最佳策略。如果你的创意技术复杂或市场前景极佳,那么一项专利申请是不够的,一定要保证专利主张的宽泛性。我在旋转标签上有 13 项专利,因为我意识到必须为我的创意建立一道知识产权的保护墙,让那些打旋转标签的人知难而退。好的专利律师能够帮你最大限度地拓展专利空间,但你事前一定要做好调查工作。研究和思考创意可能的生产方式和每一个设计上可行的改进——不同材料、形状、尺寸、配置、功能和其他特性;思考产品可能适用的其他产品类别,以及如何做出相应的改变;考虑竞争者所有可能采取的手段并向律师提供所需的信息。这样你的律师可以把所有可能的设计和生产结果都纳入你的专利申请中去。

坚持不懈

我的第一个专利经历了漫长的 14 个月才从专利审查员那里发回来,并且每一个专利主张都被否决掉。我都崩溃了,但我的律师毫不气馁。他知道这是必须经历的过程,也知道该如何采取应对措施。我比任何人都了解自己的技术,必须由我给律师提供用于答复审查员所需的必要信息。

这基本上就是使用正确的术语重新书写专利申请,然后向审查员提交抗辩。在第一批专利审查决定书中,我提出的 25 项主张中有 6 项获得批准;在最后的批复中,一共有 16 项主张获得批准。

当然,这一过程费时费钱,让人身心俱疲。这也是为什么聘请有经验的专利律师,并为他们提供抗争所需的信息是如此重要的原因。

战胜大公司,保护我的创意

旋转标签的创意是我在 20 世纪 90 年代中期想到的,当时我从杂志上了解到产品标签不能提供全面的信息。和通常一样,我做了设计,和行业专家进行了交流。我用在沃尔玛购买的药品制作了几个模型,撰写了价值陈述和宣传单,然后开始和企业接触。

当一家专门生产标签的公司的总裁问我是否已经申请专利时，我感觉机会来了。我和律师为此申请了几项专利。这些申请了专利的旋转标签能够比市场上其他类型的标签多提供75%的信息。

我的一位朋友把我做的样品给了他的父亲，他父亲又把样品介绍给了他的一位高尔夫球友，那人恰好是宝洁公司的CEO。不久后我接到了宝洁公司的电话，希望我到其辛辛那提（Cincinnati）总部向那里的技术团队介绍我的创意。我想我是中了大奖了！我的妻子并不乐观，她担心宝洁公司会不守规矩，但我还是说服她一同前往。我需要个帮手，而她恰好是这一领域的专家。考虑到会上会提到生产问题，我还邀请了克朗斯公司（Krones）（世界上最大的加工设备和标签设备商）的代表加入我们的小组。我设计创意的时候就已经和他们建立了联系。

我们三人飞到了辛辛那提。我非常激动！宝洁公司的联系人请我们在公司餐厅用过午餐后，兴致勃勃地带领我们穿过公司的园区。在路上，我感谢联系人提供的招待午餐。那个联系人说："记住，斯蒂芬，天下没有免费的午餐。"我永远不会忘记当时妻子脸上的"我告诉过你吧"的表情。

我们走进一间很大的会议室，和宝洁公司的20个代表相对而坐——他们来自营销、工程、产品开发和法务等部门。我首先做了介绍，珍妮丝也介绍了产品的优点，那个来自克朗斯公司的人向大家说明了该创意产品非常容易生产。

然后那个请我们吃午餐的先生隔着桌子推过来一张写着数字的纸，对我们说："我们不会为这个创意付一分钱。"而纸上的数字就是专利号码。

当我想到这个创意的时候，我的律师请华盛顿一家专业的专利检索公司查找了相关的专利信息。我的律师相信这是一个阿甘式（阿甘是美国电影《阿甘正传》中的男主角。他智残志坚，喜欢用最简单的思考方式即奔跑来回答一切人生问题，此处说明这个创意容易让人想到——译者注）的创意，非常简单，以前一定有人想到过。但检索的结果出乎律师的估计，我高兴地得知以前没有旋转标签的专利。

现在的事实是，宝洁公司的法务部门找出了两个已有40年历史的旋转标签专利（华盛顿的专利检索公司明显遗漏了），而这两个专利和我的创意简直是一模一样。后来我的律师回忆宝洁公司的原话是："你不可能获得专利，没人会为此付一分钱。"那时我在两个专利的申请上已经花费不菲，还不包括飞往宝洁公司的费用。我甚至花钱检索专利以确认是否已经有一个人，不，实际上是两个人已经发明在先。我感觉自己蠢透了（我的律师也是）。

接下来的几个星期里，我一直对出现这样的结局感到困惑不解。我选择和家人去度假，但脑子里仍然满是标签的事情。哪里出错了？如果这是个极好的创意，如果宝洁公司对此有兴趣，那为什么这样的标签还没有出现在货架上呢？为什么还没有任何产品使用旋转标签？这讲不通啊。

回到家后，我开始研究这两个40年的专利。我一遍又一遍地翻阅，然后我明白了！我看到了20个宝洁的专家和我的律师（来自硅谷最好的专利事务所之一）没有看到的东西：这些专利没有说明如何生产标签！

在明白没有人就旋转标签的生产方法提出专利申请后，我寻访了各地的标签生产设施，观察并且询问了固定式标签是如何粘贴在瓶体上的，之后我就开始设计把旋转标签应用于瓶体的工艺过程。我无法获得旋转标签的专利，但我可以获得旋转标签生产方面的专利。我就是这么做的。

今天我在将旋转标签应用于瓶体的生产工艺方面拥有13项专利，使用这些技术生产和销售的旋转标签超过了4亿个。

我想说的是，你必须始终处于主动地位。你不但要了解设计的每个细节，而且要了解如何生产它们。你需要调查研究，需要对设计或专利做出适当的调整以适应市场的需求。如果证明创意无法实行，就放弃它，开始其他的创意工作。但是在此之前一定要研究透每一个细节，不要轻言放弃。

宝洁公司拒绝了我的创意。但是没关系，其他公司也许有兴趣。我一直为旋转标签寻找更多的应用。宝洁公司让我学会了更加仔细地研究自己的创意，结果我发现了如何生产旋转标签（和获得专利）。尽管当时的经历很艰难，但我明白他们只是做好自己的本职工作。宝洁公司没有盗用我的创意，他们只是不想为一个已被他人抢占专利的创意付钱。

在过去的30年里，我向数百家公司介绍了数千个创意。我发现，绝大部分公司不会盗用你的创意，而是愿意和你一起为他们看中的创意工作。所以一定要下工夫保证自己的创意是独创的，并且要知道如何为自己的知识产权建立一道防护墙。

另一件我想强调的事情是，我授权成功的大部分创意都很简单，通常仅凭一张价值陈述、一个宣传单和临时性专利申请就做到了。这些创意获得专利所发生的费用由被授权人支付。我让律师提出专利申请，被授权人以预付款的形式支付费用。

实际上，我喜欢美国专利商标局漫长的审核过程，我也喜欢临时性专利申请，因为它给了我足够的时间去试探市场，看看创意的可行性，以及能否找到愿意购买创意的企业。如果企业对你的创意感兴趣，绝大部分企业对它是否获得专利并不关心。表明所有权的"已申请专利"的字样足够满足大部分企业的要求，而且让竞争者知难而退。企业真正关心的是让好创意尽快进入市场。

控制过程的每一步

多年的创意经历、几百项创意开发、20项成功授权，让我获得了几个重要的经验（有的是惨痛的教训）。毫无疑问，最重要的经验是必须控制整个过程，包括从想到创意开始一直到产品进入市场的每一个步骤。这个过程的成败与否取决于在适当的时间以适当的方式做适当的事情，包括提出正确的问题、与或只与恰当的人交流恰当的事情。

许多企业家、发明人或独立产品开发者似乎只想发现创意，然后把剩下的事情交给别人去做。我不止一次看到聪明的"发明人"重复着同一个故事：他们提出非常有新意的创意，然后独自设计和制作原型。他们就好像工作在真空里，从不做市场调查，从不和行业专家交流，从不听取潜在授权对象的反馈。大多数情况下，他们通过家人和朋友的帮助开发创意，但这些人一般没有任何开发、生产和营销方面的知识，更不要说了解某些特定产品和工艺。只要他们认为自己的创意不错，就会提出专利申请。

他们会花费2年、3年或4年的时间等待专利核准，并在此期间不断向专利律师支付费用修改专利申请。然后，他们指望通过发明家组织、创意买家和卖家的网络、营销顾问、公关公司、发明中介公司、发明竞赛等途径推销自己的创意。但是没有买家，没人愿意购买，没人愿意把他们的发明推向市场。更糟的是，已经有人抢先把类似的产品引入市场，因为在找到授权对象之前通过互联网或其他途径宣传你的创意总是有风险的。

许多创意夭折的首要原因是设计者不去控制整个过程。他们或者不做广泛的调查研究，或者把这个工作交给别人去做；他们或是不能在合适的时机咨询合适的人选，或是在错误的时机和错误的人分享创意。

保护你的创意，尽快进入市场，这点至关重要。因为这一游戏的首要规则是"先入市场者胜"，所以一定要把握自己的命运。没有人比你对自己的创意更有激情、更愿意付出努力、更了解这个产品或更愿意投入，为什么要把创意的控制权交给别人呢？

我可以用一个词回答这个问题：害怕。害怕未知的事物，害怕失败。多数人不懂得怎样设计市场需要的产品，或是找到愿意并有能力把他们的创意推向市场的企业。他们害怕这些他们不了解的领域，害怕由于个人局限或缺乏专业知识而在这些过程中失败——这些过程一般涉及营销、生产、特许或专利申请。他们逐渐让出了这些关键步骤的控制权。这没有道理，不起作用，也不必这么做。

你可以学习面向市场的设计，寻找生产或以其他方式实施创意的办法，选择帮助你而不是阻碍你的工作伙伴；你可以保护你的创意并从中获利，控制开发和授权的全部过程。具体怎么做？只要遵照本书中介绍的办法即可。

现在我们来聊聊保护创意的两个重要的方面，其中一个适用于每一个创意，而另一个和许多专家或企业家的做法完全不同。

▶ 分享创意前的必要防范措施

当你想到一个得意的创意时，会自然地想知道亲朋好友的意见。当然，你希望他们喜欢你的创意。如果你足够幸运，那么向业内的专家和导师咨询也是不错的选择。但一定记得选择那些信得过的人！只有你自己、你的专利律师、你非常信任的同事、潜在的授权对象才能获得设计的细节。

和那些接触创意的人签署保密协议是非常关键的一步。当他们签署了保密协议，这些公司或个人就有义务为你的创意及具体的细节保密。

我对保密协议的看法在这些年有所改变。我以前认为常规的或保护性的专利申请足以保护创意，因此不需要签署保密协议。现在，看到这么多人包括我自己，使用保密协议的好处，我认为保密协议是你向直接家庭成员或密友以外的人展示创意时采用的必要保护手段。应当与潜在的授权对象或任何向你提供产品开发和特许流程咨询的人（比如在研究如何生产你的创意的时候）签订保密协议。

大部分公司都会同意签署保密协议，甚至在查看你的创意前主动提供保密协议。但一些公司会拒绝，拒绝的原因和希望签署保密协议的原因一致：不希望开发中的类似产品或日后开发的类似产品遭遇诉讼的麻烦。一些大公司由于开发品种繁多或审核外部的创意很多，所以对这个问题格外重视。在这种情况下，其他创意很可能包含你认为是"机密"而实际上别人都已经知道的东西。这也是为什么要在保密协议中限定，保密的范围只适用于已知的应予保密的信息的原因。

好的保密协议应包含下列条款：

（1）各方同意，不得泄露他方的机密信息；

（2）各方同意，不得无偿使用他方的机密信息；

（3）如果未就创意达成任何协议，各方应归还有关文件、信息或原型；

（4）各方同意，接收方已经了解的信息或被他方掌握和使用的信息，不应列为机密信息。

几乎所有的潜在授权对象提供的保密协议中都包含上述四条。在展示创意前，可以让你的律师起草供签署的保密协议或应采用的条款。

如果公司或个人拒绝签署保密协议，你应该指出协议中包含限制合同范围的条款（见上述条款4）。如果潜在授权对象以外的人拒绝签署保密协议，就不要向他们展示或讨论你的创意。如果潜在授权对象拒绝签署保密协议，你有两个选择：一是离开，这将降低授权成功的几率；二是修改保密协议，给企业所需的回旋空间，也给自己所需的保护。

▶ 宣传的时机

开放式创新时代有一个到处蔓延的错误观念：将创意带入市场的最好办法是满世界地宣传它。这个观念是"守株待兔"在信息时代的版本。它的过程是：创意完成后，通过互联网、Twitter、电视、广播和各种可及的出版途径介绍你的创意，然后企业和投资人就会找上门来购买你的创意。这么做是错误的。它不仅是低效的推销方法，而且让你面临失去创意的危险。

很少有企业或投资人通过互联网或Twitter寻找创意。他们很少在社交媒体或其他媒体上搜寻创意，也不经常参加产品开发者论坛以期发现下一个好主意。

这些服务和媒体渠道很有用，但不足以让授权对象自己找上门来，更不要说还会招来许许多多争议。也许你已经申请了专利并在几大"发明／创意寄售"中介服务商那里挂牌，那么你确有可能受到正在寻找该类创意的产品猎手的注意，甚至促成交易。但这是一个长期的过程。这个方式不应是你唯一和首选的办法，因为成功的几率很低，非常低。

与此相反，主动寻找授权对象的方式要有效得多。通过调查确认符合条件的潜在授权对象，给他们打电话获取反馈，了解他们对创意的兴趣，这样你授权成功的机会将大增。它是一种更简单快速地走向市场的办法，也更安全。

根据我的经验，你应该在授权成功后再公布你的创意，而不是相反。除非你的创意授权成功或企业已经把产品推向市场，否则一定要注意保护你的创意，不要随意向人展示它们。

错误地暴露自己创意，其后果是严重的。别人或企业会依据你的专利设计出类似的产品，并在市场上打败你。如果你不使用保密协议或没有申请专利，一定要尽可能少地和他人分享你的创意。不加区分地向他人介绍自己创意的做法是愚蠢的。在美国以外的国家，你还可能失去为创意申请专利的权力。

过早曝光创意还有其他风险。一项产品或工艺在市场上被称为"新颖"的时间相对短暂。媒体一般只关注新产品一到两次。所以，你总不希望产品在上市之前或准备好上市之前就浪费掉宣传的机会吧。因此，过早曝光不仅会令你失去宣传创意的机会，也会给竞争对手以类似产品击败你的机会。

在时机成熟时——你已经保护和特许了你的创意——可以使用你的网站、社交网页和一切可能的渠道进行宣传，全力宣传你的创意，让世界知道你的产品已经上市你的授权对象会欢迎你所做的推广，但你一定要和他们的宣传步调一致。

比如我帮助阿卡迪奥（Accudial）公司上了一档名叫《医生》的电视节目，在节目里他们讨论了旋转标签的优点。该节目让他们卖出了更多的产品，也让我获得更多的客户。我剪辑了节目的一部分放在我的网站的首页上，演示我的发明的价值，让更多的潜在授权对象关注我。

但别忘了，创意授权的魅力之一是让授权对象负责营销。他们销售，你收取特许使用费，然后继续为下一个创意努力。

步骤四
如何给你的创意定位

你已经找到了具有良好市场前景的创意，你也确信它可以通过现有的技术和工艺生产出来，你制作了图纸、模型和各种视觉展示方案，你还提出了临时性专利申请。现在到了寻找合适的授权对象把产品引入市场的时候了。

在给企业打电话之前，有几个办法可以帮助你在推销创意的时候占据主动。

推销创意的工具

特许授权中最容易令人误解的地方是你要先制作原型，申请专利，然后再提交给潜在授权对象。对复杂的创意来说，这么做也许是必须的。但对绝大部分创意来讲，完全没有必要。让潜在授权对象接受你的创意不需要制作昂贵的原理型／形态型模型，经济实用的视觉展示就足够了。你不需要花费一两万加上三四年的时间等待专利批准，而是可以马上申请临时性专利保护你的创意。你无须把创意的每一个特性和设计元素都展示出来，你需要展示的是这个创意的价值所在。

当企业理解你的创意的独特价值，它们会快速评估该创意能否在市场上获得盈利。你的创意能否赚钱，这是企业唯一关心的。即使你的创意是电力出现以来的又一震撼发明，但如果企业看不到产品的价值和盈利的前景，它们也毫无兴趣。道理就是这么简单。

以下是两种展示和推介创意的最有力的工具：

一句话的价值陈述；
一页宣传单。

这两种创意推介工具的一大优点是你可以快速、简单、经济地自己动手制作。

▶ 制作敲门砖：价值陈述

我已经记不得有多少次站在那里倾听创业者和产品开发者踱来踱去，讲述 15～30 分钟，只为回答我的一个简单问题："介绍一下你的创意。"无论他们讲述多久，介绍得多么详细，大多数情况下我不得不放弃，因为我完全搞不清该产品如何让最终用户受益。

没有企业愿意花上 15～30 分钟听你的产品定位或 10～20 分钟阅读长长的电子邮件。事实上，如果你不能在 1～2 分钟内阐述清楚，你的创意是如何为消费者和企业带来好处的，那么你别指望他们会多给你 5 分钟的时间，更不要说激起他们的兴趣了。他们一开始就想知道"我能得到什么？"所以准确地了解创意的价值并以简洁的语言阐述清楚，是非常关键的。

下面是我采用的办法，也是我教给学生的办法。

（1）列举出你的创意区别于其他类似产品的独到之处，至少要给出三点，然后用一两句话说明每一个独有的产品价值。

（2）为每个列举的产品价值打分，得分最高者列为第一位。

（3）为列第一位的产品价值撰写一句话价值陈述。

这个一句话价值陈述应该是你写过或讲过的最有力的话。写得好，别人就会被深深吸引。比如 iPod 的价值陈述是："在你的口袋里放入 1000 首歌曲。"

不管你信不信，我仅用一句价值陈述就授权出去了一个创意。那个创意很简单，也易于生产。我要做的是用动人的价值陈述让企业明白创意的价值和可能收获的成果。

价值陈述的目的是让你打开企业的大门，而非获得特许合同。这是一个叩开企业大门的绝好工具，利用它你才能走进去介绍你出色的产品。

一些出色的价值陈述

下面是一些帮助我和我的学生授权成功的价值陈述。

这个创意为篮板添加了激动人心的图像,让你更好地利用乔丹的形象获取更大的回报。

——斯蒂芬·奇,授权给俄亥俄艺术公司

乔丹壁式篮球架已经上市 10 年,第一年的销量就超过了 100 万个。

我的发明让标签的内容空间拓展了 75%。

——斯蒂芬·奇,授权给 CCL Label(世界上最大的压感标签生产商)、阿卡迪奥药业、ABC 酒业(用于迪士尼的汉娜·蒙塔娜和汽车节目)、可口可乐墨西哥公司。

我的旋转标签设计在世界上销售了 4 亿个。使用该产品的公司包括瑞克赛尔草本公司(Rexall Sundown Herbal)、雀巢咖啡、劳力调味品(Lawry Spices)、占边威果酒(Jim Beam Dekuyper Pucker)。

能飞跃两个球场的飞盘。

——汤姆·克里坦森,授权给体育用品公司(Sportcraft)。

Sportcraft 品牌已经成为大众娱乐的代名词。每年有 1300 万消费者选择这一品牌,所以他们很可能购买汤姆的飞盘。

不要让压力占据你的生活。瑞莱克修(Relaxium)帮你释放焦虑。

——迪米亚·克里博迪(Timea Ciliberti),授权给大自然直销公司(Nature Trade Direct)。

功能最多的管理系统。

——德利奥·安托尼奥尼（Dario Antonioni），
授权给可酷国际公司（Internationel）。

现在他的GRID-IT！技术应用于200多种商品，涵盖了背包、手袋、苹果电脑保护套等产品。

吉他换弦不离手，音色维护大不同。

——德怀特·德福鲁
授权给堂普洛斯（TonePros）公司

一些世界顶级的吉他乐手和生产商目前都在使用其第二代专利组件。

无须化学药剂，30秒疏通管道。

——基尼·洛马，
授权给眼镜蛇商业公司（Cobra Products）。

他的Zip-It Clean管道清理工具在美国和加拿大的重要零售商那里都有销售，比如沃尔玛、家得宝、劳氏（Lowe's）、沃尔格林（Walgreens）等。

撰写杀手级价值陈述的技巧

撰写价值陈述看起来简单，实际上很有挑战性。我必须承认我的妻子对我帮助很大。按照珍妮丝的话说"所有东西往那儿一扔"，然后她再把那些材料整理切割成一句简短有力的话。

虽然我不能把珍妮丝借给你，但我可以同你分享一些写作的技巧。

识别和关注创意的最大受益者。大多数情况下，创意最大价值的受益人是消费者，但有些情况下，最大价值的受益人是生产商。价值陈述的一个方式是先提出问题，然后给出答案。

短小。不要超过一行或 25 个字。

简洁。不要过多强调细节。坚持简洁地描述产品和最主要的创意价值。电视和杂志广告里商品的简单口号就是描述商品和激起购买欲望的点睛之句。

准确。准确地给出创意的最大价值。不要直接说它是切片面包之后的又一伟大发明，而要说明它为什么出色。比如，"这是个很有趣的游戏，所有的孩子都喜欢"，这样的陈述无法告诉企业它是何种游戏，有什么特别之处，为什么孩子喜欢。实际上这样的陈述不但不能展示创意的价值，也让企业怀疑你的创意是否具有真正的价值。"第一款寓教于乐的学龄前儿童交互视频游戏"将告诉潜在的授权对象游戏的类型，为什么与众不同以及为什么儿童（家长）需要它。

使用通俗易懂的语言。晦涩难懂的语言会让读者或听众困惑，失去耐心。你的目标是传播产品的价值，而非展示词语的丰富或幽默。

多重选择。撰写四五个不同的价值陈述，交给你的家人、朋友和老师，让他们读给你听，然后选取当中最能清晰、简练、动人地叙述创意价值的。

当我开始给企业打电话推荐我的旋转标签时，我只简单地告诉他们："我能让标签的容量增加 75%。"当他们问我："你是怎么做到的？"我会回答："我能给你寄去样品吗？"

你的价值陈述是你和潜在授权对象初次见面时最需要表述的事情。如果他们有兴趣想要了解更多，你可以提供更多的信息：比如简单介绍创意的其他价值，提供宣传单。

▶ 撰写促成交易的宣传单

宣传单是一页载明创意价值的促销单，有点像小型的广告牌。当你在高速公路上以 60 公里的时速驶近广告牌时，它会告诉你推销的是什么商品。

而一张宣传单也要在 60 秒内让你的潜在授权对象明白创意的卖点在哪里。不仅如此，宣传单对于企业内部的人来说也是非常熟悉的东西，他们一直使用宣传单向零售和批发市场以及消费者宣传新产品。如果你有出色的价值陈述和宣传单，那么你不需要具备职业销售的技能，宣传单本身就会说明一切。

宣传单是文字和图像的结合，告诉潜在授权对象你的创意是什么，为什么消费者需要它。它比制作模型经济省时，是向企业推销创意最有效的工具。

这就是为什么我在联系企业之前先做好宣传单的原因。这样，我打电话给企业做价值陈述，如果它们感兴趣，我会立刻通过传真、电邮或邮政等方式将宣传单传送过去。

宣传单的目的不是把创意的每个细节都告诉潜在授权对象。它的目的是通过创意价值的介绍吸引企业和你联系。当你初次接触企业，你应该提供能够激发对方兴趣的信息，并避免引起对方的拒绝。通常，企业如果对创意感兴趣，它们会接受其中大部分的内容，但会对部分内容提出疑问或反对。如果你的宣传单里包含了企业不认同的设计细节，并且这种情况发生在刚开始接触的阶段，那么企业可能会停止深入研究并拒绝你的创意。如果企业一开始青睐你的创意，但后来才发现其中的问题，由于它们已经对你的创意有了进一步的了解，所以它们更愿意和你一起解决这个问题。

如何制作出众的宣传单

我将宣传单的内容限定于一张 A4 纸上。潜在的授权对象需要迅速了解你的创意和价值，如果你的宣传材料超过一页纸，那么结果往往是被扔进纸篓。太多的内容无法清晰快速地突出创意的主要价值。

每个宣传单包含下面一些主要内容：

一句价值陈述；

创意的视觉展现；

你的联系方式，如：名字、公司名称、电子邮箱、办公电话；

其他的创意价值介绍——应和主要价值介绍一样简洁、有吸引力；

知识产权保护证明。在宣传单的底角注明"已申请专利"或专利号码（如果已批准），但不要使用申请号码。

其中最重要的部分是突出体现创意价值的一句话价值陈述。这句话应使用大号和粗体字，置于突出的位置，通常在宣传单的顶部或底部。这样别人的注意力就能一下子被吸引到那里去。

创意的视觉展示是宣传单的另一重要组成部分。展示创意价值的方法很多，你需要选择最适合创意制作的方法。对有些创意来说，一张草图、绘画、计算机3D影像、模型的照片已经足够了。有时最有效的方法是拍摄他人使用你的产品的照片。还有一些创意需要你制作故事板：一组叙事的影像，有点像连环漫画。无论采取什么形式，一定要突出创意的最大价值。

制作宣传单最好的工具是 Photoshop 或其他绘图软件。但是用 Word 或其他办公软件也可生成效果不错的宣传单。自己动手让你拥有更大的设计灵活性。在完成了几个视觉的展示制作之后，你要把视觉形象输出到宣传单上。注意调整好图像的大小和位置，文字可以使用各种字体、大小、颜色，包括粗体和斜体。

如果你的创意太复杂，你也许想把技术视图也放上去。但根据我的经验，最好保持简洁，一幅最终产品的效果图就足够了。宣传单的目的是介绍产品的价值，不需要展示产品的每个特性和工作原理。

把宣传单交给潜在授权对象

不要未经允许就把宣传单寄给企业，否则会被视为垃圾邮件。首先打电话给企业，通过价值陈述介绍你的创意，如果企业感兴趣，你再询问：

"我可以给你一张介绍创意的材料吗？"如果对方同意，立刻把宣传单寄给他们。

寄出的宣传单里应包括说明信和名片。说明信上要有自我介绍和感谢企业评估你的创意。

25年来，我一直使用联邦快递寄送宣传单。我过去常使用隔夜到达服务，但当你同时向10个潜在授权对象寄送宣传单，并且每一家都收到多个副本时（保证每个相关的人都有一份；有时候模型起不到这样的作用），费用是很贵的。所以我现在使用次日投递服务。我以前多用传真和联邦快递，这样是为了寄送多份文件。最近，我更多的是通过电子邮件发送宣传单。

我的大部分学生都以电子方式投送宣传单，比如电子邮件的附件。如果你使用这种方式，要保证文件的格式能够让企业打开、阅读和打印，但是不能修改。

我推荐两种文档格式：HTML和PDF格式。大部分Word版本或类似的程序允许你把文件保存为HTML格式并设置密码保护。然后你可以通过附件传送文件或上传文件到某一网站。我喜欢后一种形式，因为可以一边引导对方在网站上阅读宣传单，一边进行电话交谈。

PDF文件是使用Adobe阅读器打开、阅读和打印的电子文档。阅读器可以从Adobe的网站免费下载。你无法使用Adobe阅读器创建PDF文档，如果创建PDF文档，需要使用Adobe的文档编辑器——Adobat，这个软件很贵。你可以下载免费的PDF编辑器。我使用的一个免费PDF编辑器是Cute PDF（可以从http://www.cutepdf.com免费下载）。该软件简单易用并有帮助教程。另外，如果你使用MS Word 2007以上的版本，可以直接把文档保存为PDF文件。

工作创意两不误

与人们普遍的想法不同，你可以和重量级人物打交道，受到重视，而不必把资源和时间都投入到经商上去。凭借我教授的方法，你完全可以把创意作为一种爱好或第二职业，或慢慢地把它变成全职的工作。这样，你就能够把大量的时间留给家人、朋友和其他感兴趣的事情上。你甚至可以塑造商业信誉并将工作外包给年轻的专业人员或学生，这在一定程度上也能实现创意授权的梦想。

▶ **将梦想融入生活**

我是典型的梦想家，很有创造性的那种，而且有着一颗童心。在20多岁的时候，我决定依靠发明和特许授权为生，在这条路上我受到了命运的眷顾，也付出了很多很多。我也明白诱人的职业前景会让你把一切风险都置之脑后。这样的念头很不好，非常不好。

我尽可能地提醒大家：不要放弃你的工作；不要抵押全部房产、背上债务、耗尽孩子的教育基金和你的退休金；不要让创意和特许活动消耗掉所有的资源包括你自己。创意生活的意义在于有足够时间、资源、精力和睿智去享受生活与家庭时光，而不是忽略和减损二者。它的目的是让生活更美好，在工作和娱乐、工作和家庭、工作和休息之间建立起良好的平衡。

我经历了很久才理解了这些道理，我不希望你重复我曾犯过的错误！有一段时间我的所思、所为以及和家人的交流都与我的创意活动联系在一起。我还记得他们疑惑的目光。但我已经改变了,我学会了把家庭放在任何事情的优先位置:满足他们的物质需要;给他们足够的时间和关注;倾听和支持他们的愿望。同时我也获得了同样的回应。

另外我建议你多和志趣相投的人保持联系,定期与创业者和发明者会面、交流。和他们分享观点和工作热情会让你放松,并且让家人从你的创意活动中得到短暂的解脱。全身心投入到创意中是好事情,但不应让它成为你唯一要做的事情,更不应该是唯一能令你和家人交流的事情。

巧合的是,我最近得知一位发明者刚刚离婚,因为他把所有精力和时间都放在了发明上。他花费了25万美元制作原型和申请专利,但那笔钱是他和妻子无法承担的,或者说他的妻子根本就不希望他把钱花在那上面。

其实他根本就不需要那么做。如果他采用我的方法,他可能已经特许出去自己的发明,而且只需要花费很少的金钱和时间,从而避免婚姻的失败。

珍妮丝和我刚庆祝完22周年结婚纪念日。如果我不理智地置财务安全于不顾,为了追求梦想而牺牲家庭生活,她大概多年以前就离开我了。我找到了从事这项工作的最佳途径,我和家人也生活得更好。我教授许多人使用这些工具和技能,帮助他们实现梦想且不破坏生活。

两个鼓手的创意

杰夫和马克都有全职工作,同时还是业余乐手(鼓手)。他们是认识30年的老朋友,住在南加利福尼亚,住所相距80英里。在那个地区,10英里的车程在高峰时要开上60分钟。他们都已娶妻生子,所以很少有时间面对面交流。但他们在老式的打击乐器——沙玲上有新的想法。

杰夫和马克发掘的这个创意,如同在价值陈述里讲述的:"能够提供多种音色和精确控制,并且在一种乐器里完成复杂的旋律创作。"他们使用我教授的方法，在上下班时通过电话联系（使用免提无线电话），有时也在午饭时或周末讨论。他们制作了简单原型，申请了临时性专利，撰写了价值陈述，制作了一段视频放在 YouTube 上并设置了密码。

他们用开发创意时的沟通方法与潜在授权对象取得联系：在上下班的路上或午餐时使用免提电话沟通。用了 4 个月的努力和 800 美元的花费后，他们和拉丁打击乐公司（Latin Percussion 是世界上最大的打击乐器制造商）达成了交易。

杰夫和马克有新的格言："上班一天，创意一次。"他们做得很好。但只要你按部就班地前进，也能做到。

现在我们看看有什么办法让你走近创意梦想。

▶ 树立专业形象

当你向潜在的授权对象推荐创意的时候，一定要以专业的方式展示自己和创意。你向企业展示的一切——从名片到价值陈述和宣传单，必须完美。它们是你登堂入室，打动企业的工具。

企业想要确认自己是在进行合法的生意，并且在和一位懂得面向市场开发产品的专业人士打交道。如果你能以设计公司的拥有人或创业者的身份出现，而不是看起来像一位出于爱好而灵机一闪的业余发明者或突然想到一个主意的普通人（意指仅有的一个创意），那么，潜在授权对象就很可能会严肃对待你和你的创意。

但这不意味着你需要出去租借和装修办公室，雇用助理或制作公司手册，你也无须聘请律师和注册公司。一旦授权创意的工作起步，你可以求且于相关机构和人士，咨询开展业务的最佳方式。在开始阶段，为了联系和向潜在授权对象寄送创意，你要做的是建立正规的"商业形象"。

你可以通过专业的网站、名片、信笺抬头、专线电话和商业联系地址等树立正规的商业形象。你的办公电话可以是移动电话，你的商业联系地址可以是邮政信箱。正规的商业形象可以向潜在授权对象传递这样的信息：你是懂得开发和授权创意的专业人士。这对企业对你都有好处。

▶ 不必事必躬亲

只有不多的创业者和独立产品开发者有能力独立完成所有的事情。实际上没有几个人愿意这么做。绝大部分人都无法或不愿意独自完成诸如创意开发、设计专业名片和信笺抬头、撰写价值陈述和封面、制作原型和宣传单，或其他与创意开发和授权有关的工作。

即便你能够完成这些工作，那也不是使用你的时间和能力的最佳方式。为了获取成功，你需要不断地专注于创意，不停地产生新主意，并送给潜在的授权对象去评估。把你不擅长、不喜欢或占用时间太多的工作外包出去，让自己专心寻找和开发创意。

现在，你可以联系最好广告公司，让其替你撰写价值陈述和宣传单的内容；雇用职业图形艺术家设计你的宣传单、名片和办公用品；雇用工业工程师和模型制作人为你打造原型；雇用职业摄影师为模型拍照。越有经验的专业人士，价格也越高。如果你准备雇用最好的人手，那么花费要几千美元。

最有效和最省钱的办法是采用我的做法：尽可能独立完成自己想做而且做得好的工作，然后把其他的工作外包给大学生或独立承办人。独立承办人能够提供优质的服务，而且价格上也比设计公司或经验丰富的专业人士要低。

我一直雇用学生帮我制作宣传单。我为每幅画支付 20～30 美元。他们只需 1～2 个小时就能完成。学生很愿意在赚取外快的同时为他们的创作库添砖加瓦。我的助手目前在做摄影和绘画的工作，但我仍然需要大学生的帮助。

你可以雇用学生或独立承办人（比如工业工程师）制造原型，特别是在你需要技术图纸或制作计算机辅助设计立体渲染图或泥塑模型的时候。如果你不喜欢"推销"或者认为职业销售或产品猎手能够做得更好，你甚至可以雇人向企业展示你的创意。

我已经老了。我知道自己更想专注和开发创意，所以我组建了一个富有才华的小组，帮我制作原型与宣传单、保护知识产权、维护网站和提供其他支持。我慎重选择一同工作的人员并积极和大家配合工作。我相信我们目标一致，是一种双赢的商业合作关系。

无论是创作商业标志还是制作技术图纸和宣传单，重要的是找到合适的外包人选，这样你可以经济、快速、高效地将创意推向市场。在我看来，最合适的人选一定要有能力、懂专业、可靠和要价合适。

从哪里获得帮助？

懂 CAD、广告文案、图形设计、绘画、工业设计、模型制作、摄影、原型机制造的人才很容易找到。

下面是一些你可以外包工作的专业人才类型：
- 3D 动画设计师
- 3D 建模专家
- CAD 工程师
- 电气工程师
- 电气工程专业学生
- 图像艺术家
- 设计学院学生或高中生
- 绘画师
- 艺术学院学生或中学生
- 工业设计师
- 工业设计专业学生

- 工业科技大学学生
- 机械工
- 机械工程师
- 机械工程专业的学生
- 模型制作人
- 原型制造专家

大部分情况下，我都愿意把工作外包给学生和青年专业人士，因为他们通常要价不高，愿意做好工作，并且具有创新精神。可以打电话给大学教授，请他推荐该领域的优秀学生。老师们有时推荐一到两个学生，或在课堂和公告栏上发布我的工作需求。我经常花费不多就获得了高水准的工作成果，而大学生们获得了收入和经验以及我带给他们的自信。

在互联网时代，你甚至不需要访问或打电话给大学去寻找制作宣传单和技术图纸的人。你可以在相关网站上发布任务，这样全国各地的自由职业者就会帮你完成工作。

下面是一些能找到帮你完成工作的人才的地方：

- 当地提供所需服务的公司，比如广告和营销机构、工业设计公司、商业摄影公司等。
- 当地独立承办人，比如图形艺术家、工业工程师等。
- 一些自由职业者竞价的网站。
- 当地的社区学院、大学、设计院校和商科学校。

怎样外包你的工作

在雇用某人前，你需要证明他有能力完成你需要的工作。不要因为某个人拥有电脑或安装了 CAD 和 Photoshop 软件，就认定他们是懂得如何使用这些软件的工程师。请他们提供简历和个人的作品或推荐信，虽然学生或青年专业人士没有很多的工作经验、作品或推荐信，但他们至少要有老师、客户或雇主的推荐。

每个项目至少从三个渠道获得报价。报价有时差异很大，但最高的报价不一定意味着最高的品质。一般可以以合理的或较低的价格取得出色服务，特别是依靠我说的将工作外包给学生和青年专业人士的做法。

在你向他们提供创意细节、图纸或模型之前，一定要签署承揽协议。协议中应写明你100%拥有创意的所有权，受雇用的人对你的创意或产品的任何修改都不构成共同创作。承揽合同还应包含保密条款，说明没有你的书面同意，承揽人不得将涉及创意的信息泄露给任何人或使用该创意。

最后，和你的服务提供人保持联系，管理工作进程，提供所有项目所需的信息和指导，在他们关心或疑惑的任何问题上给予帮助，并且经常了解进展。对于复杂的项目，你要设立时间节点，检查每一节点的进度。这样你就能够及时发现并解决偏离轨道的问题，或在证明受雇人不合格的情况下及时更换人选。

外包宣传单、原型制造的工作有多种选择。我希望你的外包能在世界范围内进行，或雇用当地需要获得收入和经验的学生与青年专业人员。你甚至可以雇用一个团队，如果选择正确，你将获得专业和合理价位的服务。这样你能更好地做好时间和成本管理，专注于产品的开发和授权过程。

步骤五
如何将创意提交给潜在授权对象

到了向潜在授权对象推销创意的时候,许多产品开发者都有些不知所措。为什么?因为他们不知道从哪里入手,该与谁交谈,该讲些什么。他们被这个敲响大企业之门的想法吓住了。

但是你大可不必担心。有一些简单的办法可以帮助你将创意交给合适的部门,迈出成功授权创意的第一步。

摆脱恐惧

对大多数人来说，横在他们和产品走进市场之间的最大障碍是恐惧。这对新手来说可以理解。事实上每个人都会害怕，我所认识的创业者和独立产品开发者，包括我自己，都有多重恐惧。但恐惧是可以克服的。因为大量事实表明，造成恐惧的不过是一些"貌似真实的假象"。

我发现驱除恐惧最有效的办法是准备和坚持。研究规则，做好准备，投入实践，不仅让你获得更多的自信，而且增加你的成功率。你了解得越多，你的经验越丰富。记住，这是一场持久的游戏，没有人，即便是世界上最具创新和聪明的头脑也不能每一次都成为赢家，或者甚至每十次成为一回赢家。要想获得成功，享受创意生活的果实，你得需要大量的创意。所以你要变得聪明，摆脱恐惧，为企业创造更多的创意产品。

现在我们看看人们在出租创意的过程中所遇到的最普遍的恐惧是什么，以及为什么你能摆脱这些恐惧。

▶ 害怕创意被盗用

有关创意的最大恐惧之一，是担心大企业或企业中的雇员盗用自己的创意。对某些人来说这是难以承受的压力，但也是基本上没有根据的恐惧。在极少数企业和个人的创意出现重合的案例中，最终证明都是出于误解和失误，并能以双方都满意的方式得到解决。偷窃别人的创意不符合企业的最大利益，被抓的机会和付出的成本都很高，这么做既不值得也不必要。

企业认为偷窃创意不明智的原因是，在互联网时代，即便是小人物也能发出有影响力的声音。如果你和授权对象的交易出现上述情况，你可以通过博客、论坛、社交媒体发表意见和警告，让全世界都知道事情的真相。所以偷窃创意对企业来说就是公关噩梦。

如果你怀疑企业试图盗用你的创意，一定要掌握直接事实，在反击之前仔细考虑清楚。不要做虚假宣传或诬陷相关的企业和个人，相信你也不希望企业以诽谤罪起诉你。如果你喊"狼来了"的次数太多，别的企业就不愿意和你打交道了。

没有企业愿意因为侵权或知识产权纠纷走上法庭，因为诉讼费用昂贵，且耗日持久。无论企业的实力多么强大，它们都不愿意花费大量的时间和金钱去证明那个创意是属于它们的而不是别人的。它们更希望把资源用于研发、营销、物流、工资、效益和其他保证企业运作的事情上。

一些律师总想让你认为大公司有欺负小人物的传统，因为你的恐惧能成就他们的生意。如果你害怕企业盗用你的创意，那么你会愿意聘请律师申请专利。你不应出于恐惧而申请专利。首先，如我们之前讨论的那样，在向企业推介创意或特许授权的时候，你只需花费110美元提出12个月的临时性专利申请就能保护你的创意。其他，我要强调：企业不会偷窃你的创意。那种可能性只有身份被盗用的可能性的百分之一。

更普遍的情况是两家同时开发相同或类似的产品，当独立产品开发者找到的企业，该企业的研发团队可能正在开发类似的产品。如果发生这种情况，企业面临的风险比你要大。比如在我向俄亥俄艺术公司介绍乔丹壁式篮球架的时候，还提交了一些其他创意。下面是俄亥俄艺术公司的联系人写给我的信件片段。

亲爱的斯蒂芬：

如同我在电话里告诉你的，除了乔丹壁式篮球架，我将把你的其他创意都寄回给你。

我将不再会同技术人员审核你的那些创意产品，因为我们也一直在开发类似的产品，我担心你的创意可能对开发人员的工作产生影响，那是我不愿意看到的。事实上，我们以后会在市场上推销这些产品。请你理解我们在这些领域所做的工作。如果以后我们在市场上投放该类产品，我们将不承担任何侵权责任……

企业拒绝盗用创意的理由，还可能是企业需要开放式创新帮助它们在快速变化的世界市场上保持竞争力。大多数企业都知道倍数效应的价值：利用企业的外部人才，就像拥有了一个几千人的研发队伍而无须为此拨付经费。如果企业使用了创意而不支付报酬，那么这个消息会像野火一样蔓延，今后就没有哪个神智正常的设计者愿意再向它们提交创意了。

我认为担心企业盗取创意的想法属于反应过度。在我向企业提交的几千个创意中，只遇到过一个企业使用了我的创意而未经过我的授权。即使是这个例子，也是由于沟通问题和误解造成的，绝非蓄意剽窃。如果你使用了国家专利商标局或相应政府机构提供的保护知识产权的办法，做好调查并和适当的企业进行交易，是不会遇到麻烦的。

▶ 害怕电话推介

在某种程度上，每个人都能接受给陌生人打电话，但有些人对此却感到恐惧。驱除恐惧最好的办法是，告诉自己你不是在做电话推销，而是在介绍创意——一个你研究过，能够给企业带来价值的创意。如果你已经准备好了价值陈述和宣传单，创意本身就会打动对方。你要做的是找到合适的企业，迈出勇敢的一步。

我发现在这一步唯一有效的方法，是打电话给企业里有权审核创意的人。如果你仅仅通过邮件和信件联系你不认识的人或"产品开发部副总裁"、"研发部门"或"相关人士"，你永远都不会得到你想要的答复。我几乎每天都会听到学生们抱怨害怕给企业打电话。他们总是说："我发了几百封电子邮件，但是没有任何回复。""我一直给企业寄送邮件和图纸，但是没有收到任何回应。"多么奇怪的问题啊！对于公务繁忙的公司主管来说，突然而来的陌生邮件只会被视为垃圾邮件。你每天会阅读几封垃圾邮件？

所以你如果想将创意交给潜在授权对象，最好准备充分，然后直接打电话给他们。我知道你是怎么想的，也知道培训是怎么告诉你的。我听到的反对意见是这么说的：大企业的人士不会忙于应付我这样的小人物，不可能通过门卫找到真正的决策者，现在人人都喜欢电邮沟通。这种说法真是大错特错！

事实上他们会喜欢你，他们一直在寻找创意。当项目经理们为了业绩而焦头烂额时，你带来了优秀的创意——一个让企业盈利，让他们成为英雄的创意，他们一定会欢迎。如果他们因此得到嘉奖或晋升，以后他们自己就会找上门来讨要创意。

所以在打电话前，先要做好心理准备，相信自己和自己的创意，了解创意带给企业的价值，反复练习价值陈述的内容。把握自己，让创意激情飞扬，你的自信和热情会通过电话传递过去，让和你交谈的人希望了解更多的细节。

缓解电话推介焦虑的办法是：记住初次电话的目的不是推销你的创意，而是介绍自己和产品的主要价值（比如问题的解决办法，企业如何从中获利等）并询问企业是否对创意感兴趣，所以整个过程应十分简洁——通话、讲述自己的想法、结束。如果对方同意看看你的创意，随后再寄去宣传单和简短的说明信。

还有一个降低电话恐惧的窍门：在从事创意授权之初，不要首先给优先选择的企业打电话。打电话给优先级靠后的企业，尽量延长交谈时间，这样可以多一些练习的机会。我初次打电话一般感觉很艰难，第二次要好一些，到第三次和第四次的时候，我已经找到了谈话的感觉，不再恐慌。

可以说，降低对电话推介的恐惧是一个漫长的过程，需要你了解自己的价值和掌握电话交谈的技巧。

▶ 害怕表述不清

在给潜在授权对象的第一个电话里，你的目的是介绍你的创意和它的价值，对方的目的是迅速评估创意的可能前景，所以他们需要提出更多的问题，以获得额外的信息。许多创业者和独立产品开发者在这个过程中失败是因为他们害怕不知道所有正确的回答，害怕词不达意或发音错误，害怕表现得像一个彻头彻尾的笨蛋。

克服这种恐惧的第一步是清楚认识到你不能无所不知。没有人能，也没有人期望你能。如果我不知道答案，我不会撒谎或装作知道，而是告诉对方："我必须稍后回答你。"然后我回去研究如何回答。

实际上，上面说的已经是第二步，第一步是在打电话前做好调查研究工作：

研究市场；

和有过同样经验的人交谈；

了解自己的产品相对其他类似产品在性能、品质和销售价格上的优势；

搞清楚你的创意如何生产和实施（如果是工艺和服务）以及生产成本；

对专利法有基本的了解，提出临时性专利申请或其他知识产权保护措施；

研究每个潜在的授权对象，深入了解他们的产品和客户；

清楚创意的主要价值和其他价值；

准备好一句话价值陈述和宣传单。

熟悉上述信息和材料，练习电话沟通技巧。这样，你就能够掌握全面的信息，并准备好接受企业可能的提问和请求。

本书将帮助你完成和潜在授权对象沟通的准备工作。上述准备将减少由于无法回答重要的问题或提供所需的重要信息而产生的焦虑。

但是或早或晚，你总会遇到无法立刻回答的问题。别急，无法回答某些问题没关系，要诚实地面对问题，然后回去找到正确的答案，那比给对方虚假的信息和答案好得多。如果企业的代表提问了你无法确定的问题，一定要给自己 1～2 天的时间收集信息、整理思路、收拾信心，然后再给对方电话回复。如果我遇到这种情况（现在还会遇到，即便有多年的电话推介经验），我会在 24～36 小时后通过电邮或电话答复。这段时间足够我重整旗鼓，从容应对，而又不至于让对方失去兴趣或怀疑我的专业能力。

做好工作记录也是避免表述不清的一个窍门。记录详细并持续更新的发明日志；把研究笔记、图纸、收据、宣传单和其他材料放在相同的地点；保存每次邮件、传真和你发送或收到的信件的副本；和每家企业的通话或会面都要有书面记录，注意记下日期和简要的会谈结果。好的笔记是你介绍和保护创意的后盾，是一石二鸟的办法：消除你对表述不清和创意被盗用的担心。如果你在向企业介绍创意的过程中确实词不达意（几乎每个人都有此经历），不妨自嘲后继续前进，但下次要记得首先熟悉工作记录。如果你遇到官司（希望不会，也很少出现），这些文件会很有帮助。在我唯一一次站在法庭上捍卫我的创意的时候，我了解到必须提供一些事件和活动时间的证据，上述文件就是最好的证据。

▶ 害怕被拒绝

被拒绝对每个人来说都是难受的。但我认为害怕被拒绝比被拒绝本身更难以接受,因为恐惧让你远离企业,失去了企业接受创意的机会。

减少恐惧的一个办法是面对它,因为我们无法避免被拒绝。

我的看法是,得到的拒绝越多,离成功就越近。我现在反而感谢那些被拒绝的经历。有时候拒绝让我更有动力,练习得更多,准备得更充分,以最好的状态出击。我总是试图找到企业拒绝我的原因,以便确定采取哪些必要和可能的办法改进我的创意及表述的方式。最终,这些反馈增加了我成功的机会,或让我意识到应该放弃这个创意,继续其他的工作。

通过这些电话交流,你获得的最重要的东西是潜在授权对象给你的反馈。你需要知道自己的创意和陈述是否已经完备。与潜在授权对象进行电话交流不是为了让别人赞赏你精彩的创意,而是为了授权创意、进入市场、获得收入,然后去发现更多的创意。当对方拒绝你时,要把骄傲和愤怒放到一边,请教他们为什么你的创意不适合他们的企业,认真听取他们的回答。很多时候企业拒绝的理由又给了我新的启发!我随后改进产品,重新提交给他们或别人。有时,那个对我说"不"的家伙还会指点我去其他企业试试。

世界上每一个成功的创业者都会告诉你,被拒绝是成长之路的一部分。大部分还会告诉你,那是非常重要的一部分。错误是学习和成长的机遇。就像日本本田汽车公司的创始人本田中一郎所说:"成功就是经历99%的失败。"

不要让对拒绝的恐惧阻碍了你推介自己创意的步伐,不要把拒绝看成个人成见。重要的是,获得反馈,继续前进。

▶ 害怕失败

害怕失败是产品开发者的大忌。他们害怕花费大量时间和金钱后一无所获，害怕没人接受他们的创意，害怕看不到曙光。

我不和你开玩笑：你一定会经历失败！这是一场数字游戏。要想获胜你必须不断开发新的创意。有些创意能够授权出去，有些不能。没有任何办法保证创意一定会成功授权，但有一种方法保证让你失败，那就是退出。但没有全力以赴就中途退出是很丢脸的事情。

本书就是让你最有效地获得创意授权的信息和工具，同时又不损害你的工作热情和财务状况。所以，我发明的快速、简单、经济的方法能帮助你将创意产品化。我的经历可以证明无须耗费大量的时间和金钱就能获得创意授权的成功，我的学生也是最好的证明：不必让恐惧强迫你花费不菲的金钱去制作原型和申请专利，你可以找到和发现具有市场前景的创意，毫无畏惧地为它获得特许成功，并遵循我设计的路线图把创意带入市场。

胆怯的新手突破了自己

用"害羞"这个字眼描述琳达·普罗科（Linda Pollock）绝对是不够的。她真的"极度害羞"，按她的话说"已经成为一种伤害"。仅仅想到参加社交活动都会让她生一场病，进而给了她缺席的理由。即便她鼓起勇气出席了会议或研讨会，她也试图隐藏自己或早早退场，避免和他人交谈。毫无疑问，这样根本无法建立社交网络。

我是在一次会议上遇到琳达的。我恰好是那次会议的演讲人，琳达把我说的每一句话都记在心里，并且购买了我的教程，她还参加了在线研讨会。你看，成为一名发明家的追求让她战胜了与陌生人交流和对失败的恐惧。

琳达有很多创意，但她不知道该从哪一个下手。我建议她从自己最喜欢的一个创意入手。琳达是一位文件专员。她开发了一种出色的桌面办公文具架。她按照我教授的办法驱除恐惧，增强信心，研究了潜在的授权对象，撰写了价值陈述和宣传单，草拟了电话交流的内容，然后练习，练习，再练习。

尽管她花费了三天时间才"痛下决心"打出电话，尽管她的"第一次电话、第二次电话和第三次电话让她窒息"，尽管在第四次和第五次电话里她的"语速快得让我怀疑对方能否理解"，但最重要的是她打出了电话，表述了她的创意和创意的价值，获得了对方的理解，也因此打开了许多企业的大门。

随后有趣的事情发生了：一些企业开始给琳达打电话。他们询问产品和她的职业。琳达也借此机会回答了他们的问题。这就是琳达通过向专家学习、成功授权了她的 PileSmart 产品并成为该领域专家的过程。一家公司深为琳达的学识折服，希望看看她的其他创意并聘任她介绍公司的产品。

借助知识、几样工具和成功的经历，琳达不再害怕失败或担心自己无知。参加会议时她和每个人交流，而且最后一个离开。拿起电话，拨出号码对她来说变得非常容易。现在，她能够敲开任何企业的大门，获得人们的接待。

过去 10 年里，我帮助数千个像琳达一样的人克服恐惧，把创意带给企业。我发现面对恐惧最好的进攻武器是信息和准备，最好的防御武器是信息和坚持。

我讲述的将创意带入市场的方法完全基于获取信息、工具和战略以及加入这场游戏并获胜的信心。所以将恐惧丢到一边，马上行动起来，一步一个脚印地前进吧！

寻找成功之门

大多数人把创意授权的成功寄希望于某个特定的公司，而不寻找其他的渠道。一旦那个公司表示拒绝，创意只能被束之高阁。这是严重的错误，也是我早期所犯的错误之一。

我的第一个的类似错误发生在一个简单新颖的创意上：把玩具和图书结合在一起。比如，把蜡笔和彩页图书放在一起。我把彩页图书粘贴到一张纸板上，在图书右侧让纸板延伸出15厘米。然后我把装满蜡笔和彩笔的塑料托盘粘到临近图书的纸板上。这个创意的其他变化还包括，把塑料动物玩具放进故事书里或把游戏玩具放进游戏书里。我的女儿玛德琳非常喜欢这个创意。我把女儿使用产品的照片放在了宣传单上。

我将玩具和图书结合的几件样品寄给一家公司，它都拒绝了。我没有问为什么，也没有尝试其他公司，只是夹起尾巴把创意放进被拒的文件堆里。

今天，如果你进入玩具商店、百货商店或杂货铺，都可以找到包装有玩具的书籍。我提出这样的创意已经有好长一段时间，但我记不起多久以后才在商店里见到图书和玩具的组合产品。这件事的教训是：我把一个实实在在的好创意只介绍给了一家公司，而且没有从那里获得反馈意见。如果我当时知道它为什么拒绝，就有机会认识到我的直觉是正确的，我的产品会有市场，只是不适合那家公司。也许我会有自信另外寻找可以授权的企业。

了解企业拒绝创意的原因只要打 5 分钟的电话就足够了。有时创意已经接近企业的需求，但还不足够接近。如果你知道差距在哪里（如果你询问的话，企业会告诉你），你就能使用获得的信息改进创意再次提交给它或别的企业。有时不是创意有什么问题，只是时机不对，企业的产品线上当时可能有很多类似的产品。但别的企业也许正需要你的产品。

我在创造并过早放弃图书玩具的组合产品时，完全不明白上述道理，现在我有了深刻的理解。我希望你特别重视通过调查研究获得尽可能多的潜在授权对象，并从他们那里获得尽可能多的信息。你不但需要多样的创意获得特许授权的成功，也需要去敲响许多家企业的大门。

▶ 如何寻找潜在的授权对象

找到潜在授权对象的最好的办法，是到出售类似产品的地方寻找。我的第一个创意就是这么做的。我在商场里研究谁会买我的产品，在哪里购买，生产厂家有哪些。然后根据这些消费者、商场和厂家的信息设计产品。

一旦准备将创意提交给企业，我会再回到市场，这一次是记录所有生产类似产品的厂家名单。这时可能需要再次翻看早期的市场调查记录，但更常做的是到塔吉特、玩具城或其他商场，看看我的创意应该出现的货架上有哪些类似的产品。其他时候我会访问贸易协会的网站，了解特定产品类别的主要生产厂家。

许多人认为这些厂家是你的竞争对手。实际上，他们是你的潜在授权对象。所以要发现和记录你的创意所在产品类别的所有主要生产厂家。

我有一个诀窍

我愿意和你分享，但也需要你自己动手去发现。在 Invent Right.com 网站上，我们有一个 1300 家寻找创意的企业名录。我们不断增加这个名录收录的厂家。这个潜在授权对象的金矿只对学习了 Invent Right 课程的同学开放。但你要做的就是访问 www.inventright.com/links，然后输入用户名（companies）和密码（inventx）。

▶ 专注于最优选择

在找到了该产品类别的所有主要生产厂家后，你需要确定哪一家最有可能接受你的创意。早在研究创意产品是否能够或如何生产的时候，你应该已经清楚该向哪个厂家提交创意。所以需要多做一些调查工作，至少要访问企业的网站和在线产品目录或网店，确认你的创意适合对方的产品线。

本来毋庸多言，但我一直惊讶地发现许多人没有遵循这样的做法——只关注那些有能力将产品推向市场的公司。记住，重要的是你的创意是否有市场前景，你的创意是否在生产上可行。有人打电话或发邮件问我："我给睿客（Radioshack，电子消费品销售商）寄去了自行车的创意，但他们毫不理会，我该怎么办？"这样的消息总让我有点抓狂。这种时候，当然应该重新尝试另外一家企业，一家真正生产和制造自行车的企业。

有些人的调查很不充分。他们仅仅去寻找该产品总类下的主要厂家，而忽视了厂家在该类别下的产品范围。一家生产食品的厂家不一定有能力生产你设计的速冻食品，比如他们只生产干货——曲奇、饼干、薯片等，所以自然对你的创意没有兴趣。引入新的产品线需要新的生产、物流和营销途径，不仅非常昂贵，而且风险很大。没有企业愿意仅凭一个从外部引进的创意就采用这样的方式生产。

另一个决定选择何种企业的因素是企业的规模。大型企业占据了最多的市场空间，愿意采用自主的和长期的研发方式。虽然一些大企业也有开放式创新的项目，但它们更倾向于直接购买而不是租赁创意。这并不意味着大企业不屑于从我们这样的小人物这里获得创意，有些企业一直寻求外部的创意。但作为一般规律，大企业的门是最难打开的。另一方面，小企业通常也缺乏制造和营销创意的资源。

中型企业由于具有资源，最渴望获得创意，并把创意推向市场。大多数中型企业没有大型的能够完全承担研发任务的部门，所以获得特许授权是它们面向市场创意的一条经济有效的途径。它们急于获得让它们占据更大市场份额的创意，比如从市场上的第三名上升到第二名甚至第一名。

我向各种类型和规模的公司授权过创意。我认为应该找到并了解所有该产品类别内的厂家，不要因为规模排除任何一家企业。在潜在授权对象的名单上，你唯一可以忽略的企业，是那些不销售与你的创意类似的产品的厂家。首先从中型企业入手，大多数情况下它们是你最好的选择。

当需要把创意介绍给企业时，我总是制作一个包含所有潜在授权对象的名单，并且注明这些企业所属的城市（分支机构或总部）。有时我制作两个名单：一个最优选择的单子——最有可能接受创意的企业，和一个次优选择的单子。

▶ 找到合适的联系人

许多人认为应该把创意交给企业的产品开发或研发部门。在有些开展开放式创新的企业里，产品开发团队可能会审核来自外部的创意，但他们不是电话推介的第一选择。他们的工作是创造新产品，可能不愿意接受一个和他们不谋而合的新创意。这样会让他们看起来表现很糟糕。

和很多发明者的想法相反,你也不要把创意寄给工程或生产部门的人。他们的职责是在市场和产品开发部门决定了推出什么样的新产品后,研究如何生产产品。

你也无须和采购部门交流,因为这个部门负责削减成本和购买原材料。他们的工作是向管理层汇报产品的材料成本和可行性,而不涉及创意授权。

你想把创意交给能够理解创意带给企业价值的人,你希望见到创意的人为你的创意激动而且说:"这是个好主意!我们怎么获得许可、生产、推广和销售这个产品?"一般情况下,这个"合适的人"都在营销部门:品牌经理或主管,营销经理或主管,销售经理或主管,产品经理。

寄送创意的最佳人选是营销部门的产品经理。他们的工作是把一个创意概念带入市场。与研发部门的人不同,他们不在意创意来自哪里。如果你无法与产品经理取得联系,那么次优的选择是销售部门的人。销售代表喜欢交谈,从不希望失去任何一个销售的线索,所以乐于接听电话。如果销售代表或产品经理真的喜欢你的创意,他们会把创意介绍给营销部门的营销经理或主管。营销经理将接管你的创意,然后提交给企业的副总裁或总裁。所以一定要想办法把创意交给营销或销售部门的人,他们是最有可能接受你的创意,并帮助创意走进市场的。

理想的办法是打电话给企业,要求和产品经理或营销部门的人通话,但一定要知道对方的名字,这样你会占据主动。所以要做一些调查工作,获得这些人的名字。

一些企业的网站上有重要经理人员的名录,包括名字和职务。名录里可能有每一位经理的电话和电邮地址,但我强烈建议你不要使用电邮,用电话沟通更有效。你应该联系经理和主管,而非总裁或副总裁。高层的管理者不会查看新创意,而通常交由下级来处理。对小型企业来说,可以直接联系总裁或副总裁,但如果有下一级的营销经理,应该首先联系他们。

也许你无法找到产品经理、品牌经理或其他经理级营销人员的名字,但至少你可以查到企业的办公电话,再通过办公电话找到合适的人以推介创意。

有时候企业会把免费电话印在产品或包装上。在你做市场调查时，寻找和记录这些电话（通常是服务电话）是个好做法。拨打这些电话，向客服询问企业的办公电话。就大部分企业而言，你可以通过在线黄页，获得企业主要的办公和总部电话。另外，你可以在网上通过搜索"总部"或"办公"等关键字搜索企业的号码。

想获得企业号码的还可以访问它们的网站。企业的联系电话一般位于"联系方式"、"企业介绍"、"关于我们"等页面。

总之，你的任务是首先去发现联系合适的企业和合适的人（如果可能的话，获取对方的名字），然后得到你名单上每一家企业的号码。打电话过去，直到你找到了能与之交谈的人。这个过程不容易，但的确是最好的起步方法。在电话里说些什么，我们将在下面讨论。

叩开企业之门的电话

我想，许多创业者花费那么多时间、金钱、精力来制作精美的模型和申请专利的原因，是他们相信"守株待兔"。他们相信打动企业的唯一办法是华丽的展示。他们认为让企业接受的唯一办法，是把已经完成的并申请了专利的产品原型交到企业手里。但实际情况不是这样。

原型和专利不是敲门砖，不能推销创意。真正的敲门砖是准备和坚持。产品的价值会让企业打开大门。

本书中已经介绍的关键步骤——研究市场、面向市场设计、证明你的创意、保护创意——都是为了下一个主要目的：将创意推向市场。现在我向你介绍一个打开企业之门的简单办法，一个最基本又最无趣的销售工具：电话推介。

▶ 为什么电话推介是最好的敲门砖

第一次电话交流——电话推介（和陌生的对象交谈，告诉他／她你的创意如何为企业带来价值）往往令人却步，但又非常重要。虽然有些人通过信件或电邮介绍自己的创意，但我发现最好的办法是电话沟通并和对方建立个人关系。

我个人认为通过电子邮件提交创意非常不好。许多产品经理将不明的陌生邮件视为垃圾邮件，并采用相同的处理方式——直接删除。如果企业的网站有论坛或电子链接供你提交创意，那将比常规邮件更有可能获得企业人员查看的机会。但你仍然需要打电话，确认对方已经收到了你的创意并征求他们的意见。

即便企业有提交创意的论坛，我还是认为电话交流的方式更有效。理由如下：

（1）电话比邮件更可能让你找对人，你至少会知道他们关注了你的创意。

（2）你的声音比文字更能向对方传递你对创意的自信和激情。

（3）在电话里产品经理更有可能询问你相关问题。

（4）你可以在初次通话里就搞清楚对方对产品的兴趣。如果你通过邮件提交创意，那么很可能收到这样的回信："感谢您提交的创意。如果有意向我们会与您联系。"然后即便他们与你联系，也可能是几星期或几个月以后了。

（5）如果产品经理否定了你的创意，你可以立刻询问理由。你也可以请产品经理推荐其他有可能接受创意的企业。通过邮件你很难像通过电话一样很快获得类似的反馈。

（6）在电话里你可以提出寄送宣传单，如果产品经理同意，你马上通过邮寄或传真传送。

我不是说信件或电邮没有作用。我只是认为电话推介更适合我和我的学生。

我也不认为电话推介总能快速和轻松地让你找到合适的人，即便它会让你直接面对企业，有时你也需要寻找其他的途径，在几轮电话之后才找到正确的人。但是，如果你采用我说的办法，电话推介将比你想象得容易。

▶ 电话推介的正确方法

在理想的情况下，打电话前你已经知道产品经理的名字、直拨电话或分机号码，而且第一次通话就找到了你想找的人。但多数实际情况是你只有一个总机号码，然后经过几次转接才最终找到审核创意的人。最后你不得不打几次电话过去才有机会和对方交谈。所以电话推介的过程让许多人感到沮丧。

不过下面讲到的步骤会让电话推介变得轻松而有效。

准备草稿，练习、练习、再练习

开始打电话给潜在授权对象介绍创意前，我会把想说的话记在卡片上，一遍又一遍地大声练习草稿，直到我感觉良好，声音听起来也不错为止。

我总是以自我介绍和打电话目的开头，并且把"帮助"这个具有魔力的词放在开篇词里：

你好，我叫斯蒂芬·奇，我是一名产品开发者，我需要一些帮助。我有一个很棒的产品想提交给你们公司。你看该找谁。

如果接线员回答"我不知道谁负责"或"我把你转给采购部门（不是合适的部门）"，你可以回答说："我能和营销部门的人通话吗？"

有时，接线员会告诉你接听电话人的名字和职务："我将把你转给塞娜，她是营销部的总裁。"如果这样，你要迅速记下信息。如果你有时间，询问接线员她的直拨号码或分机号码。下次你就可以绕过接线员直接打电话了。

如果接线员不告诉你，请尝试询问接电话人的姓名、职务和转接的分机号。记住，要在接线员中断通话前记下相关信息。

如果一切顺利，接线员报了转接人的名字并且对方也接听了你的电话，那么谈话时要使用尊称，告诉他/她你的名字和打电话的目的——这一次要介绍给对方创意产品的类型和主要价值（牢记价值陈述），然后要求提供更详细的信息。

你好，我的名字叫斯蒂芬·奇。我是一名产品开发者，我对旋转标签的创新能够让瓶体的信息增加75%，我能给你提供更详细的资料吗？

准备草稿，列出所有可能遇到的情况，然后和家庭成员做角色扮演练习。一旦你准备完毕，就可以给企业打电话了。

首先打话给名单上垫底的企业

和许多事情一样，练习会让电话推介更完美。头几次电话可能感觉很糟或词不达意。所以可以把最不可能接受你创意的企业，或可能对你的创意不太感兴趣的企业作为最初电话联系的对象。这样逆序向上，把你最中意的企业排在最后。

即使在电话推介方面已经有了一些经验，你也会发现头几次电话没有后来的电话顺利。即使是我也不能保证开头的电话毫无问题。所以每天起来，我总是先打不太重要的电话。这样下来，我能尽快恢复到最佳的状态。我还学会了自嘲，一旦我搞砸了一次通话，我就笑着对对方说："嘿，让我重来一遍好吗？"没有人会拒绝你。

不要叫自己"发明家"

发明家这个词对许多人来说有负面的含义。他们立刻联想到一个戴着大眼镜、头发散乱、笔袋里塞满钢笔的隐士。他的地下室或房屋里可能满是古怪的东西，而且从不和邻居说话。对营销或销售人士（你想与交流的人）来说，"发明家"这个词意味着他们远离市场，制作复杂的原型，申请没人想要的专利。

所以不要说自己是发明家，而要说自己是产品开发者或给出自己设计公司的名字：

嗨，我叫斯蒂芬·奇，我是产品开发者。
嗨，我是斯蒂芬·奇设计室的斯蒂芬。

"产品开发者"或"设计"表明你是面向市场而非出于兴趣开发产品，这些词属于正式用语，也是营销和研发人员常用的词。

专注于通话

当你给潜在的授权对象打电话时，一定要选择安静的场所，专注于通话，不要思考其他问题。如果你在通话的时候受到别的事情、人或思想的干扰，很有可能破坏介绍的过程：语速太快，没有逻辑，价值陈述缺失，没有提出提供额外的信息或其他不好的行为。如果对方听到通话的背景中有收音机、电视、同事、家人或其他声音，嘈杂得如同在咖啡馆里，他们会认为你不专业，因此不会给你的创意予以应有的考虑。

在合适的时间打电话

给繁忙的企业人员打电话的最好时段是星期二、星期三和星期四。在星期一，他们要做一周的工作安排，注意力都在自己的目标上。在星期五，他们又急于完成工作，然后离开办公室开始周末生活。

打电话的最佳时间是上午 9 点之前或下午 1 点（午饭后）和下午 5 点以后。这时候产品经理（而非秘书）更有可能接听你的电话。当然你可在工作时间的任何时候打电话。但是如果你无法找到某人，可以尝试在上班前 10 分钟，午饭后 10 分钟或下班后 10 分钟内给对方打电话，此时经理们有可能自己接电话。

有一次我告诉妻子企业中没有人接听我的电话。她说接线员和秘书会把一切无关的电话过滤掉。但我知道想在公司晋升和争先的人都愿意待在办公桌旁,比秘书来得早、走得晚。他们会在这些时间自己接听电话,以免漏接老板或其他上司的电话。知道后来怎么样?我接通了想找的人。

如今,电话都有来电显示,你想与之通话的人可能会忽略他们不熟悉的号码,而让你进入语音留言,无论你打多少次都是一样。这种情况下,你别无选择,只有语音留言,但留言一定要恰当。我在后面将提供留言的样本。

说到来电显示,你要养成接听任何电话的习惯,因为你的联系人可能经由任何号码给你打来电话。你一定不愿意错过和潜在授权对象的通话吧。

适当的语音留言:最后的选择

很多人不同意这一点,但我坚持己见。在电话推介创意时,我总是试图避免语音留言。我不停打电话直到取得联系,或寻找其他联系的办法。

我只在一种情况下使用语音留言:打了4～5次电话都不成功。然后我留下下面的留言:

嗨,我是斯蒂芬·奇。我是一个产品开发者,我想给你展示的标签能让信息的容量增加75%。我的电话是1-800-701-7993……如果我没有获得你的回复,我还会再打电话过来。

如果我的价值陈述没有打动对方,那么留言的最后一句收到了效果。它表明我会坚持不懈,毫不气馁。

联系多家企业

你联系的企业越多,创意被接受的可能性越大。我至少把创意提交给2～3家企业,甚至更多。如果我只把创意提交给一家企业,我绝不会取得现在的成功。创意是数量的游戏：为了成功，你必须把许多创意提交给许多家企业。

企业并不指望你把创意只交给他们一家。很少有两家企业在同一时间内对同一创意感兴趣。如果发生这种事情，也是一件好事！它会让你选择最高的特许费，或增加促成特许交易的筹码。

给企业内的不同人士打电话

如果你无法和企业内特定的人士接触，那么给其他的人打电话。如果你联系不到营销部门的人，那么尝试联系其他部门：销售、品牌管理、产品开发、研发等部门。如果某人告诉你他对创意没有兴趣，那么试试别人，产品经理没兴趣并不表示销售部门的人不会关注。也许在你试图联系的企业里研发、产品开发部门和营销部门一样愿意接受"外部的"的创意，你的创意可能正好是他们所需要的，而了解需求的唯一办法是打电话推介你的创意。保证创意授权成功的最好办法是广泛撒网，获得更多对创意感兴趣的对象。

联系企业内不同的人士让我有机会与其中至少一位沟通并且介绍我的创意。那么同样，你也能做到这一点。

坚持不懈

有的企业规模很大，障碍也很多。你需要打很多次电话才能找到一个愿意倾听的人。另外一些企业则不知如何处理你的来电，因为它们没有开放式创新项目或没有接待独立产品开发者的经验。大部分人都不知道可以把创意授权给企业，所以大部分企业不会接到像你和我这样的产品开发者打来的电话。

无论企业有没有开放式创新项目或处理外部创意的经验，妨碍企业与开发者接触的最大障碍是"看门人"——企业总机的接线员，负责转接电话到特定部门的助理，你的联络对象的秘书。接线员可能不知道企业正寻找外部的创意。秘书可能不了解企业的开放式创意政策或过于重视减少对上司的打扰。所以获得你的意向联系人的名字和电话号码将为你带来很大的便利，增加他们而不是"看门人"接听电话的机会。

一旦你知道了产品经理的名字或其他人的名字，要不断地给他们打电话直到联系上为止。这些人很忙，你要打几次电话甚至十几次电话才能和他们通上话。记住，尽量不要语音留言；尝试在上班前10分钟或下班后10分钟内打电话。不断给你希望接触的人打电话，直到成功地和对方交流起来。

你打电话给企业时，"看门人"或许会告诉你他们不接受外部的创意，不要因此而放弃努力。对绝大部分企业而言，极少有产品开发者主动打电话提交创意，接线员可能不知道企业有开放式创新政策。秘书可能过于保守或只是尽忠职守。你的任务是要绕过"看门人"，直接和营销、产品开发等部门的人接触。他们是唯一能够评价你的创意是否符合企业需要的人。

我的一个学生有一次打电话告诉我他联系了企业，向接线员"快速介绍"了自己的创意，但被告知企业不接受外部的创意。他按照我的建议，没有放弃努力。一个小时后他又打去电话，请求和销售部门的人通话。他的原话是："我能和销售部门的人通话吗？"当销售代表接听电话后，他介绍了自己，快速准确地进行了价值陈述，然后提出提供更详细的信息。"好的，"销售代表说，"给我更多的信息。这个创意很有意思。"

有时你需要想出绕过障碍的好办法，而且一定要坚持不懈。

自信且热情

我发现谈话方式和谈话内容一样重要。积极的态度、对创意的热情能够通过电话传递给对方。同样，失落或不安的情绪也会通过话筒传播过去。毕竟话筒另一边的人看不到你的肢体语言，只能听到你的声音和词语。如果你对自己的创意都没有自信和热情，还能指望别人吗？

所以首先要相信自己的创意。你已经完成了所有的必要工作，你自信产品是面向市场设计的，在生产和销售上是可行的。而事前的反复练习会帮助你增加信心，在电话推介中应付自如。然后，尽你的一切努力让自己变得积极和专业起来。如果需要穿着睡衣打电话，没问题；如果需要身着西服到私人办公室打电话，就那么做；如果你觉得站着让你更有活力和保持冷静，那就站着和别人通话。还有别忘了微笑。我就是这样做的，在给潜在授权对象打电话的时候，我一定会调整好心情，穿戴整齐，站立，为创意感到激动，还有微笑。这样，所有的自信和热情都会通过电话传递给对方。

简短但强调价值

电话推介的目的是打开企业之门。接到你电话的人（对他来说，你的来电是个意外）不想听创意的详细介绍，也不想知道创意的原理和生产方式；他不想听你快速地解释创意的销售卖点，不愿意听你说这个创意将成为企业历史上最热门、最具创新、最完美的产品；他甚至不会记住你说的一切，因为人们通常只能记住他们听到的7%。你只需要用1～2分钟介绍他们想听的内容：你是谁？为什么打来电话？他们为什么会感兴趣？

他们唯一想知道的事情（在一分钟之内）是你的创意能为企业带来怎样的价值并让他们成为一个令人仰慕的对象。所以用一分钟的时间介绍自己，复述一句话价值陈述，提出提供更详细的信息，感谢他们的接听和考虑。然后挂上电话联系下一家企业。

在极少数情况下，对方可能在初次通话中要求你详细介绍创意的情况。不要谈论过多，而是告诉对方寄送的材料会详细介绍创意的价值，然后礼貌地中断通话。

做笔记

所有通话都要有详细的记录，可以使用纸张或电脑做笔记。内容应包括公司名称、通话时间、通话概要。记录每一次与推介对象的通话内容，包括你说了什么、对方的回应。这点非常重要。

提出提供更多的信息

除非被告知企业不接受外部创意，否则你应该在电话结束时提出提供更多的信息。如果获得肯定的答复，寄送你的宣传单、图纸、视频或其他信息。

在给企业打电话前，一定要把宣传单或其他信息准备好。这样如果产品经理或销售人员想要审看你的创意，你可以马上发送过去所需要的信息。

提交的信息要包含带有公司抬头的投稿信和名片。我建议你做一个模板，存在计算机里。当你需要寄送投稿信的时候，只需改动其中的企业名称、名字、邮寄地址和日期即可。在信中用一句话说明创意的主要价值，写明你和对方联系的时间、对方已经同意审看你的创意和其他重要的通话内容。

一定要在通话后的同一天或第二天寄出材料，并且使用次日或隔日送达服务。如果你寄送投稿信和宣传单，有时候使用传真就行。

另一个窍门：我从不询问对方地址或传真号码，因为他们时间有限。我会随后从接线员或部门秘书那里获得信件地址和传真号码。

耐心

敲开企业之门只是万里之行的第一步。企业需要一段时间，几星期或几个月，来评估你的创意是否适合客户的需求和企业的运营。所以要耐心，不要通过电话和邮件催问你的联系人："进展得怎么样？"

给材料的寄送过程留有足够的时间，然后以电话或邮件确认对方是否收妥，并借此机会询问联系人进展情况和预计的确定时间。如果在预计期限内没有获得联系人的回复，应继续关注一段时间，以免错过了反馈信息。

在等待企业审看创意的同时，不要只坐在那里等待回复，而是应该拿起电话联系其他企业。如果你已经给名单上的所有企业打过电话，那么就该着手开始新的创意。

如果企业在合理审核期限内没有任何回复，打电话给主要联系人了解进展情况。这也是一个询问对方有什么问题或需要提供什么信息，以促使完成审核过程的不错时机。

如果被拒绝，要获得反馈

企业给你的最终回复形式有两种：电话或信件。如果是肯定的答复，恭喜你！现在可以进入特许合同谈判阶段了。我们在后面介绍。

如果回复是否定的，你也会通过信件或电话得知这个令人失望的消息。无论是打过去还是接到电话，听到拒绝的回复总是让人难以接受。这时候要深吸一口气，抓住机会询问对方为什么对你的创意不感兴趣。如果收到的是信件，花几分钟时间和联系人电话交谈，感谢他让你知道你的创意不适合他的企业，并礼貌地请对方告知原因。通常他会很乐意给你一个诚实而简短的解答：也许是因为时机不对，也许因为价格点过高，抑或因为你的创意虽然适应市场的需求，但不适合你联系的企业。你可以利用回馈的信息，按照市场需求调整创意或寻找新的买家。比如，我在知道自己的一个关于玩具的创意因为该企业有太多的同类产品而被拒绝后，成功把这个创意授权给了另一家制造商。

汤姆如何在两星期内授权成功

我的一个学生通过邮件告诉我：他使用最近我教授的方法向四五家企业推介了他的创意。他很惊讶地发现"联系企业并介绍自己的创意真的很容易"，他还告诉我"在随后的8个月里，对电话推介的恐惧逐渐消失了"。

从打电话开始，汤姆只用了不到两个星期就授权成功了一个创意。他打电话给多家企业才最终获得其中一家企业的首肯。那家企业叫体育用品公司（Sportcraft）。它的销售团队看过汤姆放在YouTube上的飞盘（Disclub）演示视频后非常感兴趣，最后从汤姆那里获得了特许授权。

刚开始时，汤姆会写好草稿，练习，修改草稿，接着做更多练习，最后才打出电话。随着信心的增加，汤姆已经不用草稿了。现在他打起电话显得轻松愉快，并且正在向下一个创意进军。

▶ **另辟蹊径**

对于可口可乐和宝洁这样的公司来说，外部人员很难通过常规的途径联系到合适的部门，顶多在费尽周折后联系上了这些企业的法务部门。虽然不见得是坏事，但整个过程变得更漫长也更复杂。如果这些大企业否定了你的创意，你也很难从它们那里获得反馈。当门前的守卫让你和营销部门的人无法联系时，你必须想出其他方法绕过障碍。

下面是一些另辟蹊径的方法。

发散思维

在无法和营销部门人员通话的情况下，静下心想想该公司的其他部门或人员会不会对你的创意感兴趣。比如我在联系麦克内尔公司（McNeil）——泰诺（Tylenol）和其他消费保健产品的制造商——的营销部门时陷入了困境，但我设法和设计部的一个设计标签图形的人建立了联系。

利用社交网络

你在企业里有熟人吗？不一定需要有直接的联系。这根链条上也许隔了"几个中间人"，但你只需要在联系企业的时候用上他/她的名字，最后由中间人直接把你引荐给对方。我就是这样和宝洁公司联系上的。虽然我和宝洁公司最终没有达成特许经营协议，但我围绕这个创意构建了一道专利"保护"墙。现在其他公司已经获得了特许授权，并且售出了超过 4 亿个 Spinformation 牌标签。

从当地起步

如果不能和企业直接联系，尝试联系企业的地区销售经理、品牌经理或分部负责人，请他们关注你的创意。比如，由于无法和百事总部联系介绍我的旋转标签，我联系了本地的百事灌装分部的负责人。他喜欢我的创意，并把创意推荐给了百事的高级经理。同样，高级经理们也喜欢我的创意。

敲开企业广告商的大门

所有的大企业都有专门的广告机构帮助它们宣传和招揽生意。你可以通过企业网站、互联网搜索（比如：搜索百事和广告机构）找到广告机构的名字。打电话给广告公司要求和负责你所关注的公司的客户经理通话。通常情况下你都能打通电话，因为对方会把你当成上门的客户，他们总是在寻找新的商机。告诉客户经理你有一个他的客户可能感兴趣的创新产品，如果对方同意，利用价值陈述和宣传单介绍你的创意。这么做并不总是有效，但它是个办法。

我使用这个办法联系上可口可乐公司。我知道普莱默公司（Primo Angeli，一家大型设计公司）离我家不远，他们为可口可乐提供服务，我打电话给他们介绍了旋转标签。由于离得不远，我过去和他们见了面。我带了一些样品，包括一个带有旋转标签的可乐瓶。他们拿起旋转标签，然后让我等一会儿。5分钟后，公司的老板普莱默·安吉利（Primo Angeli）走进房间问我："你介意我把你的创意拿给客户看吗？"

毫无问题，我接到了可口可乐打来的电话。接下来，我去亚特兰大和他们会面。虽然我当时没有获得合同，但他们的建议帮助我改进了标签，让它的生产速度更快，成本更低。后来我的Spinformation牌旋转标签授权给了可口可乐在墨西哥的分公司和阿卡迪奥等公司。

尝试反向营销

反向营销是当你的创意获得企业客户（企业销售产品的对象）的注意，他们会把这种情况告诉企业的营销人员。吸引企业客户注意的一个办法是在贸易展会上向买家和分销商展示创意。另一个办法是给销售该企业产品的大型零售商，比如标的、家得宝、派司玛特（PetSmart）等处的买家打电话，看看他们是否对你的创意感兴趣。如果大客户对企业说："嗨，我喜欢这个创意。"企业一般会打开大门，邀请你前往介绍创意。

如果你去问那些产品开发者失败的原因，十个中有九个会告诉你是因为无法向企业推介创意，然后你将发现他们都犯了本步骤中介绍的一些错误：发送电邮和信件而不首先打电话；把自己说成发明家；语音留言；通话时逻辑混乱或词不达意；没有找到合适的企业和联系人；没有阐明创意价值；没有做好准备或持之以恒。

　　本章中介绍的简单策略和工具将让你打开企业之门。当你联系了合适的公司里合适的人并做合适的表达，一定有人愿意倾听你的创意。每周我的学生都用电话或邮件告诉我，他们和3家或更多的企业建立了联系。他们很惊讶地发现这种办法可以轻松地建立起沟通渠道。我倒不觉得奇怪，我知道这些办法会起作用。我还相信你使用的次数越多，这一过程会变得越简单有效。

步骤六
如何将创意推向市场

如果有一家或多家企业都表达了对创意的兴趣，接下来该怎么做？

首先，深呼吸或散个步，放松一下。特许合同的谈判需要清晰的头脑，而且谈判过程漫长。但是和这些大块头打交道并不会比你想象中的困难，你只需收集好信息，再加上几个简单的策略即可。我将为你指出促成交易的正确途径，令你的创意成功走进市场。

成交

常规的合同谈判的办法是请律师替你完成这个过程,但我只在用常规手段能最有效地达到目的时候才采用它。如果有更经济、快捷和简单的途径,我会毫不犹豫地选择它们。因为自主谈判能让我更多地居于主动地位。

我喜欢亲自参加谈判,并乐于节省下一笔律师费。我不建议你在没有律师支持的情况下进行谈判,但我认为你应该是直接和企业打交道的人。一旦你和企业之间解决了所有问题,并就主要条款达成了一致,这时再请律师完成余下的工作。

达成特许经营协议有点像打网球,各种问题你来我往,直到协议达成。当你认为所有的问题已经解决的时候,实际上你只是结束了第一回合的比赛,还有整场的比赛在等着你完成。如果你聘请律师来全程参与,成本将直线上升。而自主谈判不仅节省了律师费,还让谈判的过程更顺畅和快捷。

我倾向于自主谈判还因为谈判让我对企业的经营有更好的理解,并且能够与企业中的关键人物建立关系。其结果是合同涉及的问题都能得到有效解决,最后形成的合同更有可能符合双方的最大利益。这样的合同不但保证了产品快速进入市场并让我及时获得特许费,而且使我以后在向企业提交其他创意的时候处于有利地位。

想要达成令人满意的交易,其关键在于理解潜在授权对象的需求和自己的需求,然后共同努力促成双赢的结果。这个过程比较漫长,需要6个星期到 6 个月的时间。在谈判时还需掌握一些信息，那是谈判桌上讨价还价最有力的武器。

▶ 公平地谈判

和大企业谈判需要勇气。对方有一群经验丰富的专家，而己方只有一位律师（我建议你在最后阶段再引入律师）。生产商带着一套方案来到谈判桌，向你提出一系列问题。他们的第一个问题可能是："你想得到什么？"无论你怎么回复，他们都会给你更少的报价。

来到谈判桌的时候，要和他们站在同样的基点上：

对自己的期望和企业的期望有深入的了解；
很好地掌握企业和市场的状况；
准备好提出问题；
以合作而非竞争，促成双赢结果的态度谈判。

我在企业打电话告诉我"我们对你的创意有兴趣"之前就开始准备谈判了。在他们审查我的创意时，我在研究他们销售的产品、销量和销售地。

如果一家饮料企业想看我的旋转标签。在开始谈判前，我会去了解它生产的所有产品类别：它生产软饮料、运动饮料、瓶装水、果汁、茶饮料、牛奶、啤酒、葡萄酒、烈性白酒等产品吗？它在国内和国外的销售区域有哪些？它的产品在大型卖场、便利店还是专卖店出售？它面向商业用户销售吗？每一产品类别下的销量是多少？

在研究市场和创意的生产可行性、寻找潜在授权对象的时候，你应该已经掌握了一些必要的信息。但是你还要深入研究企业销售的产品种类、销售地和销量。

下面是找到这些信息的方式：

询问。给同行业内其他企业的销售代表或业内专家打电话，询问某一产品在业内的销售情况,你所研究的企业的实力,其产品在哪里畅销或滞销等情况。你甚至可以给该企业的销售代表打电话,告诉他们你正在撰写商业计划书或论文,想了解企业的产品类别(品牌)、销售地和销量。

访问企业网站。你可以在企业网站上的"关于我们"、"企业组织"、"产品"、"品牌"、"年度报告"等页面找到产品信息和销售数据。

浏览贸易出版物和贸易协会网站。在文章、新闻、报告和声明中寻找有关该行业、某一产品类别或特定企业的市场数据和统计信息。

查看在线商业名录。这些网站的公司介绍里可能有你需要的信息。实际上有几百家类似的网站:有的专注于特定行业、特定产业、产品类别或地理区域;有的包含了世界范围内的各种企业。

搜索互联网。比如,输入关键字"可口可乐 销售分布 2009",我得到了8万个搜索结果,包括 answer.com 的页面上显示"在200个国家里有500个品牌,销售3000种饮料",并给出了企业的主要品牌、主要销售区域和主要竞争对手。

你可能无法找到所有你需要的销售信息。没关系,你可以稍后向企业提问。重要的是在开始谈判前你就了解了企业的经营、产品和市场情况。

▶ 达成双赢的特许经营协议

当企业想从你那里获得特许授权,它会问你需要什么条件(指特许费)才能成交。有时它抛出一个低价,比如,全球独家、3%~5%(特许费率)、5年。

多年来有数百家企业对我的创意感兴趣。但每当有企业表示中意我的创意时,我还是会感到激动,那是很棒的感觉,它会让我有蹦跳的冲动,并大声喊:"哈!我做到了!我该去哪里签字?"没关系,可以继续兴奋,但是不能允诺任何事情。

因为企业对你的创意表示有兴趣并不意味着最终会形成特许经营协议。谈判经常会失败,不要期望立刻达成协议。特许交易需要时间和漫长的谈判。你可能自己就能做出决断,但企业一方需要由多人或多个部门就特许经营协议形成意见。以前我想在一次会谈中解决所有问题,现在我知道需要多次电话、大量通信、几周或几个月的时间达成协议。所以我已经学会了放松和忍耐,以合作和化解问题的态度推动、参与整个过程。

实际上,当我初次接到电话或邮件告诉我"斯蒂芬,我们喜欢你的创意。我们该怎么进行下一步?"的时候,我希望延缓这个过程。这时候提出关键问题有助于获得最好的交易结果。所以我通常回答:"你们想要独家特许还是非独家特许?"

独家意味着潜在授权对象希望禁止其他企业生产和营销你的产品。如果企业确实希望获得独家特许权,那么确定特许权的限制条件是非常重要的。所以我的下一个问题是他们希望在哪个或哪些地区获得独家特许权。如果企业有多个产品种类或品牌适合你的产品(我在调查阶段已经得知),我还询问他们想为哪一个产品类别或品牌获得独家特许权。

在接触的早期阶段,我还会询问销售信息。我希望知道该类产品的最大销量,我想了解企业对我的产品的销售预测。如果可能,按销售区域提供数据。我还想知道他们针对我的产品制定的批发价格。

如果企业勉强提供你需要的信息,向他们解释你的目的是了解企业和使用创意的方式。如果企业不提供该类信息,你可以告诉他们稍后再联系,然后自己做调查。大部分企业都会给你所需的信息,因为他们也需要它而且目的和你一样:为特许经营协议确定最可行的条款。

记录你的调查,以及与潜在授权对象的每一次谈话,保存好你和对方之间的每次通信。在解释彼此关心的问题(双方的问题都得到解决)以及就所有条款达成一致之前,你可能要反复与对方进行会谈。

现在让我们仔细研究一下特许经营协议中一些关键条款。

独家特许权

大部分企业都想获得全球独家特许权，以保证只有本企业能够生产和销售你的创意。这是好事情。你也需要独家特许权，它的价值很高，但你要与和你谈判的人定义"独家"的含义。

在早期的调查里，你已经知道企业的产品在一些国家销售得好，在另一些国家销售不好或没有销路。比较有利的做法是按不同地理区域给予特许权：企业支付较高的特许费为主要销售区域获得独家特许权；为次要区域支付较低的特许费获得非独家特许权；而在企业没有销售计划的区域，你仍保留有对该创意的特许权。比如，企业希望获得在美国、加拿大和墨西哥等三个大市场的独家特许权。但该企业在墨西哥的表现不佳，那里由其他两家或多家企业占据主要市场份额。所以与其把三个国家都放入一个合同包里，不如通过谈判把独家特许权限制于美国和加拿大范围内。这样你就能够把创意授权给其他在墨西哥市场有强大营销和分销能力的企业。

独家特许权同样适用于按产品类别授予：你的创意也可能适用于该企业并不涉及的产品类别。所以我会问企业："你们想要哪个产品类别的独家特许权？"而企业会反问："你说的产品类别指什么？"

假设我在和一家生产汽水的企业谈判授权我的旋转标签，这家企业说："我们要把你的标签在所有饮料上使用。"我一定会说："我们讨论一下这个问题。"这个企业很大，经营多个产品类别。如果企业的产品大部分都是软饮料、水和果汁，而且仅在美国、加拿大、墨西哥销售，我可以提供三类产品在上述三个国家的独家特许权。如果该企业正在推出运动饮料或收购了日本的厂家，他们也许要考虑为这些产品类别和地区获得创意的独家特许权。

你也可以按照销售渠道限制独家特许权。企业希望你的产品仅在标的、家得宝、玩具城、沃尔玛等大型零售商店销售吗？他们在药店或超市出售你的产品吗？还有便利店和专卖店呢？有面向机构的销售吗，比如医院、酒店、学校、军队？也许企业只想把独家特许权的范围限定在主要零售商和食品服务提供商上。

　　企业会同意限制他们的独家特许权吗？企业会在一些市场上做出让步吗？你的创意有实际的全球市场需求吗？我无法回答这些问题，因为每个企业、每个产品、每次交易的情况都不相同。获得答案的唯一办法是调查研究和企业谈判，然后做出最有利的决定。也许企业只有在获得全球独家特许权的情况下才能接受你的创意；也许该企业是你唯一的选择，而其他企业都不会对你的创意感兴趣；也许没有企业想过获得美国以外的独家特许权，没关系，美国市场已经足够大了。无论企业想要全部还是部分市场的特许权，你都应该获得适当的补偿。

　　记住，企业没有买断你的创意。他们是针对特定市场在特定时段，以一定的费用租赁你的创意来生产和销售产品。每一部分的独家特许权都有价值，你应该得到足够的补偿。你可以做一些让步，但也必须为自己守住一些利益。我经常使用的一个策略是不对企业开放一些国家的独家特许权，而后提出如果企业愿意支付该创意在这些国家申请专利的费用，那么我愿意给予他们相应的独家特许权。

　　我和我的学生还有一个成功的策略：假设一个潜在的授权对象想要获得该创意的全球零售权，但他们的产品又只出售给沃尔格林（Walgreens）连锁药店。这时你可以说："即便你的客户只有沃尔格林连锁药店，我也愿意给你所有零售类的特许权。"这让企业感觉你做了让步。虽然这不是非常理想的结果，但会在谈判时为你获取较高的特许费和最低保证金增加筹码。

特许费

　　特许费按批发销售额的一定比例收取。企业一年四次支付特许费，每季度根据前一财务季度的数据支付一次。每次支付应在每一财务季度最后一天起的30天内支付。比如，第一个季度为从1月到3月，那么第一个季度的特许费应在4月30日前支付。

　　人们经常问我："什么是合理的特许费率？"合理的费率就是你能最

大限度争取到的费率。我知道这听起来可能会让你不舒服,但这是事实。特许费率因行业不同而不同,所以要查找该行业的平均特许费率。贸易组织或在该产品类别和行业有过成功授权经历的人能够为你提供此类信息。

我知道一些创业者因为要求不合理的特许费率而导致交易失败。通常讲,10% 的比率属于收费过高,而 1% 又过低,实际费率应由产品、企业和市场决定。对大部分创意而言,5%～7% 的费率是合理的。我通常以 7% 的要价开始,而后逐渐降低到 5% 左右。

有些创意一定会获得较高的特许费率,当然那是一些宛如来自童话世界的奇思妙想。但是有些小创意一样可以获得较高的特许费率。比如企业只打算销售一批数量相对不多的产品,但是边际利润很高,你也可以要求 10% 的费率,至少要 8%。创意产业有时候就是这个样子。企业有时候为圣诞节或销售旺季而购买几个月的特许权。他们也可能为季节性创意产品购买一个季节或几个季节的特许权。

有些情况下较低的费率也是合理的,例如,你没有获得专利或所在国不提供该知识产权的保护,或者产品的销量很大。如果使用我的旋转标签的饮料厂每天销售几十亿单位的产品,那么特许费率可能只有不到 1%。你的特许费还有可能因和别人分享而减少。比如我在乔丹壁式篮球架上获得的特许费较低,因为我要和乔丹分享特许费。

总之,最合理的特许费率就是你通过谈判能够获得的费率。注意不要轻易贱卖你的创意或固执地坚持不合理的费率要求。

预付款

要求获得一大笔预付款是许多创业者和独立产品开发者与企业交易失败的首要原因,通常被认为"压垮"了特许交易。这是一个很坏的方式,它没有考虑企业的实际情况,让企业认为你只关心自己的利益,而无意获得一个双赢的结果。这么做完全无助于与企业建立互信互利的关系(你希望也应该建立这种关系,因为企业在销售你的创意产品)或在将来把创意授权给其他企业。

通常，企业愿意支付一些预付款作为善意的表达。大部分企业都愿意支付小额的预付款。如果企业没有提供，你应主动提出。

我的做法是：放弃要求支付大额的预付款，转而要求支付我的专利申请费用。实际上，我就是这样支付了所有的专利申请费。我的律师申请专利，我拥有专利，而企业支付费用。这种方式保护了你和企业的利益，促使企业尽快把创意引入市场，从而收回为专利付出的成本。

有时企业在支付专利费之外还愿意提供一笔小额现金预付款，这取决于创意本身和企业能够以此赚取多少利润。

最低保证金

最低保证金是你可以使用的最有力的谈判武器之一，在协议中属于一种履约条款。特许经营协议中的最低保证金规定了被授权人在第一年（或第一季度）、第二年及以后年度向你支付最低特许费的金额（美元），而无论被授权人实际卖出了多少你发明的产品。如果企业的销量比预计要好，你收到的特许费将大于最低保证金；如果企业的销售小于预期，你也会获得该年度的最低保证金。如果企业不支付保证金，你有权收回特许权。

假如没有条款的保护，企业可能永久使用你的创意而不支付报酬，并且你也无法再向其他企业授权创意。但有了最低保证金的保护，如果被授权人无法将产品上市，你便有权取消合同。即使企业的销量没有达到指定的最低限额，你也能够获得最低的特许费保障。

我是这样构建最低保证金结构的：第一年收取一个较低的金额，第二年增加一些，最后一年收取最高的最低保证金。比方说，在问到销售预测的时候，销售经理说："我们可以轻易销售1000万美元的产品。"你可以说："你说你们第一年能够销售1000万美元的产品，但对我来讲，200万美元的销售额已经很理想了。"

根据5%的特许费率，我第一年的特许费在净销售额为200万美元时达到10万美元。如果企业销售额超过1000万美元，我的收入将大于10万美元；如果企业销售额小于1000万美元，我将获得最低的10万美元。第二年的最低保证金为15万美元（300万美元的5%），第三年为25万美元（500万美元的5%），第四年为35万美元（700万美元的5%），第五年为50万美元（1000万美元的5%）。

这样的最低保证金结构能规避风险，给企业更多时间完成预期的销售目标，吸引企业在头几年关注最低保证金而非特许费总额上，激励企业将创意推入市场并投入更多的力量营销产品。

大部分人认为预付款和特许费收入是协议中最重要的事情。但它们不是，最低保证金才是最重要的——对你和企业都是如此。没有最低保证金，生产商会占有创意，拖延或永远不向市场交付产品。最低保证金将给交易更严格的限制，保证你的产品走入市场或获得最低限度的补偿，抑或在企业不支付最低保证金时你收回特许权。

如果企业不同意设立最低保证金，你有时可以要求规定"期限前／期限后"条款。该条款规定企业同意在指定日期后或指定日期前在市场出售该产品，如果企业未能履行该条款，你将收回所有权利。这种条款是无奈之举，并非理想的选择。假如没有最低保证金，企业甚至在指定期限内卖出一件产品就可以合法地持有你的创意。所以我不建议你这么做，除非你已经没有其他潜在授权对象，而且是在尝试获取最低保证金条款失败之后。

改良条款

这个条款非常重要，也非常敏感。所以我一般会在和企业就主要条款达成一致后，在谈判后期才提出。我要求拥有所有对创意改良的权利。被授权人"租赁"独家特许权以生产和营销产品，如果他们想要改进我的创意，我很愿意接受，但企业必须承担申请专利的费用，而且要以我的名字申请。我拥有创意的一切。

几年前，"改良条款"帮助我避免了风险。当时我和一家很大的标签生产企业签署了特许合同。在其后一年的时间里，我和该企业的一位先生一起工作。我原以为他是我的合作伙伴，帮助我的旋转标签进入市场。实际上，他试图绕过我的专利并已经根据我的技术申请了几项专利。但是他没有仔细阅读合同：条款规定我拥有所有改良的所有权。合同授权企业生产经营我的 Spinformaion 牌标签或其改进的产品，当然前提是企业按条款规定支付了最低保证金。

审计

你要做的最后一件事是：如果你怀疑企业没有如实支付你应得的款项，你有权审计被授权人的财务记录。审计企业的财务记录无法增进信任，被授权人也不喜欢你这么做。

那么你怎样把审计条款放入合同中呢？哦，就像谈判协议的其他内容一样，让条款对你和企业都很公平。你可以这么做：你要求"在怀疑企业生产和销售产品的数量与你收到的特许费之间存在严重差异时，你有权审计企业财务信息"。然后提供公平条件和让企业接受的时候到了——如果审计发现不存在严重差异，将由你来承担注册会计师的审计费用；如果注册会计师发现差异很大，导致你应得的特许费损失 5% 或更多，那么则由企业支付审计费用。

▶ 完整记录

保存完整的谈判过程记录是非常重要的。我保存了每一件企业与我之间通信的副本。在每次通话或会谈时，我都做清楚的记录，随后通过电子邮件把谈话的内容和一致意见的要点寄送给对方。

一旦我和企业就主要问题取得一致，我就撰写一页"条款清单"或叫"特许建议"交给生产商，向企业表达"我认为我们能够合作，文中就是我们一起讨论的条款"。然后企业和我将有更多的会面谈论。条款的增减或修改意见会在企业和我之间来回传送。

与企业就特许经营协议的主要条款达成一致并形成书面文字，将为你节省很多律师费，增加谈判成功的可能性。它向潜在授权对象传递的信息是"我们可以像团队一样工作"。特许建议以后可以用作实际达成的特许经营协议的文字基础。

现在到了咨询律师的时候了。请律师起草特许经营协议是非常昂贵的，许多企业都有标准的合同文本。让企业支付起草合同的费用，然后让你的律师审看和修改。

工业设计师是如何授权创意的

德利奥·安托尼奥尼（Dario Antonioni）是Orange 22（非常有影响的工业设计实验室）的创建者和创意执行官。他称自己为"产品机器"。十几年间，德利奥和他的伙伴们为他们的明星企业客户——艾凡达（Aveda）、碧乐龙（Billabong）、杜卡迪（Ducati）、拉尔夫劳伦（RalphLauren）、夏波影像（Sharper Image）、索尼（Sony）等设计了一大批创新产品。但是几年以前，德利奥开始感到他为客户设计的产品不属于"他"。尽管公司获得了设计大奖，给员工的待遇也很好，但那只是一次性的支付。德利奥并没有从这些销售了几百万美元的产品上获得提成。现在，他还在为别人工作。

后来,德利奥发明了一种神奇的"对象固定"（object retention）技术，是可以广泛应用于"当今数字生活的物品管理解决方案——从背包到笔记本电脑内胆、iPad外套、旅行箱、手提袋等都可使用。他不懂特许授权的基本概念，也不知道特许合同需要纳入的重要的条款,包括独家特许权、特许费、最低保证金和改良条款等。但通过InventRight课程，他迅速掌握了正确授权的方法并成功促成了交易。

其后,德利奥和可酷国际公司达成一个非常赚钱的特许合同。该公司目前使用德利奥发明的GRID-IT技术（专利申请中）生产了超过200种商品。

即便像德利奥这样有经验的产品开发者也需要学习怎样达成交易，学习如何坚持或让步并控制谈判的整个过程，你也需要这么做。合同草案需要反复修改几次。你的要求不会完全体现在合同里，对企业来说也一样。好的特许合同让双方都容易接受，尽可能满足双方都需要和想要的要求。不要指望一次谈判能够解决所有问题，试着每一轮谈判都做一些调整，不断推动谈判前进，很快你和你的授权对象就会签订下协议。

梦想成真

当人们发现我靠什么生活时，经常惊诧于我竟然能成功授权如此多的创意。他们苦思冥想也不明白为什么企业会从我这样一个仅在加利福尼亚特洛克（Turlock）有一间小办公室、只有一个雇员的光杆创业者手里"租赁"创意。他们想知道为什么我能够想出大企业的产品开发和研发部门都没有想到的创意。他们难以想象大企业会对像我这样的小人物敞开大门。

当他们看到我很成功，向几十家企业成功授权了 20 多个创意，让自己和家人过上了理想的生活——没有债务，非常舒适时，也想知道怎样向企业出租他们的创意。

"发现一个好主意，做正确的事情，并找到合适的企业予以授权。"我告诉他们。然后我简单介绍了本书中所讲的步骤：研究市场、登记和保护专利、向潜在授权对象提交价值陈述和宣传单，最后成交。

"就这样？"他们问，"这听起来挺简单。"

"是很简单，"我会回答，"但离过上创意生活还差一步。这是一场数字游戏，为此需要你不断地产生创意和特许收入。"

现在，我已告诉你怎么做。

▶ 天堂上的婚姻？

在理想的世界里。你和企业达成的每个协议都是双赢的协议，从不需要修改。被授权人会尽快把你的创意推向市场，并在合同期内准时、全额地支付你应得的最低保证金和所有特许费。如果出现这样的理想状况，你要做的就是保持参与或至少关注进展，以防止企业冻结你的创意，或是绕过你的创意做设计抑或忘记了支付你应得的报酬。

上面情况中最不可能发生的是企业为了规避支付特许费，试图绕过你的创意做设计。如我先前讲的，企业要在以创新驱动的全球市场上竞争，就必须从你和我这样的创业者那里获得创意，故意从独立产品开发者那里截取创意不符合他们的最大利益。如果你在特许合同里规定了改良条款，企业是无法绕开你的创意的，即便他们那么做了，你也会知道。这也是你需要监督被授权企业的原因。我稍后再加以介绍。

最可能的情况是特许经营协议需要修改。产品的开发、包装、生产、销售和物流等任何一个环节都可能引发特许经营协议的修改。所以你需要有灵活性和机敏的判断。如果你能在协议签署后和授权企业保持工作伙伴的关系，你就不会在企业想要修改合同的时候一头雾水，而能很清楚地知道如何做出必要的修改并让双方满意。如果企业出于法律原因要求降低最低保证金，你可以同意，但同时要求把企业的独家特许权限制在某一国家或某一产品类别内。

至于企业获得了特许权但不生产和销售产品的风险，因为合同包含了最低保证金的条款而极大地降低了。因为企业无论达到还是没达到销售目标，都要向你支付最低保证金。如果企业无法支付，你有权收回特许权，这将驱使企业推动你的产品上市。产品上市需要时间,有时设计、专利申请、生产、包装和分销等环节出现差错都可能导致延误。所以你需要纵览全局，提供一切必要的帮助。

接下来是付款问题，这个问题非常重要，你需要也应该获得回报。企业有义务按合同支付预付款、特许费和最低保证金。如果合同另有规定，他们还要支付申请专利的费用。极少有企业拖延或中止支付专利费用。如果发生这种情况，很可能是因为遗漏或失误造成的，可以联系企业协商解决。只在非常罕见的情况下，有时企业才可能没有支付资金，这时你可能遇上恶意拖欠的企业了。无论何种情况，你都需要监督企业，了解可能的费用差异，并采取适当的行动以解决问题。

特许合作伙伴关系很像婚姻关系，需要双方朝向共同的目标前进。在和谐的婚姻里，双方都理解和尊重彼此的需求与愿望，有意愿解决所面对的分歧和问题，持有互让互利的精神。

如果你遭遇糟糕的婚姻，那么越早清醒过来越好。最好的办法是以公正平和的方式结束这段关系。有时候这意味着要走上法庭，交由法官和陪审团裁决。更多的情况是，如果企业在合理的期限内没能让产品上市或支付最低保证金，你只能选择取消特许经营协议。

蜜月期后

和通常的想法相反，特许授权的工作并不因为签署了特许授权协议而结束。还有许多潜在问题阻碍产品上市，上市过程可能经历许多差错。没有人比你对自己的创意更有热情，毫无疑问地，你可以在设计、生产、营销等方面提供专业支持。如果你能和被授权人结成伙伴关系，你的产品上市的可能性更高。另外在由于意外需要修改合同的时候，与企业的密切关系能够让你和企业更好地沟通。

现在，有些人，特别是那些把自己看作发明家的人，只希望把创意授权给企业，而对产品的上市过程毫不关心。还有一些人希望控制或至少参与从设计到生产、包装、推广和销售等所有环节。类似地，一些企业希望你消失，不再和你联系，另外一些企业则愿意接受你的帮助。

依我看不存在参不参与的问题，只有参与的适当程度和深度问题，这取决于企业本身和你们建立的关系。我喜欢自主谈判的一个理由是，它让我更好地理解企业的经营，加强与产品经理和企业的其他关键人士建立关系。

在谈判期间以及在此之前，当我试图敲开企业大门，向它们介绍和讨论创意的时候，我问了很多问题，听取了大量意见，认真做好了笔记。在签署协议的时候，我已经想好了帮助企业推动产品上市的主意。我可以提供某种特许形式的协助，或者直接问产品经理："我能提供什么样的协助。"毕竟我希望产品尽快产生效益。所以我会尽可能协助企业完成产品上市的过程。

你可以要求收费服务或把服务写进合同里。我自愿提供免费服务，但要等到合同签署后才提出这个话题。企业有时接受我的服务，有时拒绝。

如果企业不想我参与其中，我并不勉强。无论如何，在企业后来遇到麻烦的时候我还会提供帮助。当迪士尼公司使用旋转标签技术开发一种叫 Twist "n" Chilld 饮料的时候，我参加了几次产品开发会议。我看到他们在确定标签的内容方面遇到障碍。在一次会议结束后，我悄悄地问产品经理我可否提供帮助。后来他跑到我的办公室会谈，而我则协助他取得了进展。

另一个让你参与产品上市过程的办法是将"品牌标准"内容写入合同，比如你要求对所有基于你的创意的衍生产品和产品包装有最终的决定权（至少要努力争取），但大部分企业都不会同意。有一次我和合作伙伴（在 HotPick 拨片的创意上，我决定自主生产）从迪士尼公司购买了知识产权的授权，在合同里，迪士尼设计了许多使用其品牌的条款，包括迪士尼有权决定产品是否投入生产。你也可以尝试和企业签订类似的条款，但过程非常艰难。

通常应该询问企业是否需要帮助。你可以提供设计支持或生产建议，推荐材料供货商或包装服务商，参加企业计划举行的促销活动，或通过你的邮件列表发送产品信息。我一般以产品开发者的身份请媒体撰写有关产品和我的故事。你甚至可以为他们打开推广的大门，比如我在《医生》的电视节目上宣传。我完全在幕后工作，在节目启动后，我就交给企业的公关人员处理。

一定要记住，在创意授权给企业后，它就由企业控制了。对，你仍然拥有创意的知识产权，但企业拥有产品，负责产品的上市。所以你不太可能在产品名称、包装、最终设计、生产和销售上有太多的发言权。如果你想控制有关创意的每一个方面，我只能说这个游戏不适合你。我理解失去创意控制权是很难接受的，我也有过这样的经历，但我很快接受并乐于投入到创造和销售创意的活动中，即使有时会遇到企业以我不喜欢的方式修改我的创意。我的孩子问我："爸爸，为什么产品上没有你的名字？"我告诉他："我的名字唯一需要出现的地方是在支票上。"

如果企业欢迎你参与整个过程，那太好了！要尽心尽力，但只扮演辅助的角色。不要干涉别人的工作，不要独断专行，要把工作成果归于项目经理和与你工作的同事。当企业看到你是一个有合作精神、可以信赖的人时，他们会感激你的协助并更加努力地工作，确保产品获得成功。

如果企业不希望你参与，那就退到一边，让它们独立完成的工作。保持关注，在确定它们需要帮助而你也有这个能力的时候，再次提出提供帮助。但是不要骚扰企业，要尊重对方的权威。余下的是专心于收取特许费和创造新的创意。

监督授权对象

刚进入创意授权行业的人经常问："我怎么知道企业到底销售了多少产品？""怎么知道他们能够遵照协议支付费用？"有一些简单的办法可以保证企业支付你应得的回报。

一个办法是将审计条款纳入特许经营协议。如果你怀疑企业的实际销售收入高于它们向你支付特许费的销售收入，可以雇用审计师审计企业的财务记录。这其实不是一个简单的监督企业的办法，它的风险和成本都很高，占用企业大量的时间（特别是大企业）。没有企业喜欢别人查看其财务记录。如果没有发现显著的差异，你还需支付昂贵的审计费用。无论审计结果如何，都会造成你和企业关系的紧张。所以我建议只有在掌握了企业销售额和特许费收入明显不符的证据时再审计企业的财务，而且仅作为最后的手段。还有，一定要做好因你的过失而承担企业损失的准备。

另外一个更简单并且没有风险的办法是保持耳目通畅，留意企业在市场上的活动。它们有什么新产品吗？它们的哪些产品畅销？你的产品的销售情况怎么样？浏览企业的网站、阅读贸易杂志、去购物、搜索互联网、和业内专家交流、询问企业的销售代表，不要害怕询问他们哪种产品销售得好或你的产品销售情况。销售人员很乐于解答这类问题！

如果你在巡视市场的过程中发现不寻常的情况，要致电企业，平静且直接地提出你的问题。不要指责对方，而是告诉企业你发现的事实，请它们解释。也许你发现你的产品在新泽西的沃尔玛里出售，而你收到的特许费只来自密西西比州便利店的产品销售；或者你发现企业在你不知道的新产品上使用了你的创意而你确定没有收到相关的特许费。

上述情况大多是因为工作失误或不当操作造成的，可以通过电话获得解释和纠正。极少情况下，企业确实有意为之，但企业发现你已经注意到并要求支付费用时，它们通常会回到正确的轨道，不再重复类似的"失误"。如果问题比你想象得要复杂和困难，你应该请律师介入。

几年前我把乔丹壁式篮球架的创意授权给了俄亥俄艺术公司。我一直满意它把产品推广到沃尔玛、玩具城和全国的其他一些商店。在特许经营协议签署几年后，一天我到当地商店的麦片食品区为麦片包装盒寻找创意灵感时，忽然发现一盒麦片的包装上带有迷你版的乔丹壁式篮球架。我首先想到的是：喔！俄亥俄艺术公司的销售工作真是太好了！接下来我又想：为什么我没收到迷你版的特许费呢？为什么企业没有告诉我这个产品？

在思考后，我给俄亥俄艺术公司的联系人打了电话，询问我为什么没有收到迷你版乔丹壁式篮球架的特许费。对方结结巴巴地说："好的，先生，我们一定是遗漏了。我一定告诉财务部门给你寄去支票。"这就是解决问题的整个过程——一个两分钟的电话。我不需要大喊大叫，我不需要威胁使用审计，我不需要法律诉讼，我只打了一个电话，然后迷你版的特许费就送来了。我再没有关心他们是不是有意这么做了。

实际上大企业的不同部门之间往往缺少沟通，很可能因为某人的怠慢或操之过急而出错。所以你要监督协议的实施，了解企业使用创意和支付特许费的情况。

市场调查让你了解那些拒绝或拖延考虑你的创意的企业，是否已经将创意引入市场而没有告知你并向你支付特许费。这种情况极少发生，但确实出现过。我就遇到过一回。

我和大企业之间唯一的一次诉讼

人们都担心自己的创意被盗用，专利律师们正好以此为业。我不喜欢使用"盗用"或"偷窃"等用词。一个更好的表达是侵权，但大多是无意的。过去 30 年里我向企业提交了几千个创意，也只遇到过一次真正的麻烦。现在我相信这个麻烦也是可以避免的。

我和 CCL 标签公司签署了使用 Spinformation（注册商标）旋转标签技术的特许经营总协议。它又把技术授权给爱尔兰的凯尼尔沃斯（Kenilworth）公司。丹麦有一家叫乐高（Lego）的私人企业联系凯尼尔沃斯公司要求提供旋转标签的样本和报价，希望将该技术应用于其新产品——名为"生化战士"（Bionicle）的玩具上。我们签署了保密协议，我的办公室也完成了样品制作，然后凯尼尔沃斯给乐高公司提交了报价和样品。随后就再没有回信了。

一年后，我、我的妻子和三个孩子结束了 6 个月的环美国旅游回到家里。我儿子的生日快到了，他非常喜欢乐高公司的玩具，所以我的妻子买了"生化战士"玩具给孩子。这一切就好像发生在昨天。当时我在车库里，妻子拿着玩具走进来，脸上是诧异的表情:"斯蒂芬,难以置信,新的乐高产品使用了你的旋转标签。"我的心沉到了底,我做的第一件事是给律师打电话。

那时我已经在该技术上获得多项专利,还有许多不同标签专利等待批准。很显然,乐高的工程师想要绕过我的专利做设计,但他们不知道我已经申请了专利。

我感觉受到了冒犯,认为这种行为是对我的侮辱。最终冲动战胜理智,我在旧金山的联邦法庭起诉了乐高。专利侵权官司的费用可能高达 150 万美元,大多数律师都不接受销售额在 2000 万美元以下的侵权官司,所以独立产品开发者最好不要采用这样的方式。

诉讼漫长而艰苦。记得第一天出庭,我看着斯蒂芬·奇设计公司起诉乐高系统公司的文字想:"终于开庭了!"我还记得双方的律师就具体的字眼或对文字的解释唇枪舌剑。他们无须拳击手套,而是使用语言攻击,法官就是裁判员。

我签署了限制就案件发表言论的文件。我不能透漏和解协议的内容,但我可以告诉你和解协议在诉讼结束后三年内是保密的。乐高公司再也没对我的创意表示过兴趣,并且停止使用旋转标签。

我想这完全是一场误会。如果双方都理智一点,我想我们不会走上法庭,我们能够找到解决问题的办法。

诉讼之所以发生,有时是因为产品开发者和潜在授权对象之间的误会,有时是因为企业正在设计相同的产品而你一无所知,有时是因为企业不知道你持有这方面的专利或正在申请专利。所以聪明的做法是和潜在授权对象保持接触,同时参与现有授权对象的产品上市过程,通过平静和理智地交流解决问题也是非常明智的做法。一旦你情绪冲动提起诉讼,没有人会成为赢家。

▶ 让创意和收益源源而来

一意孤行不会成功，而及早放弃也不见得是失败。如果你给候选名单上最中意的企业推介了创意却没人感兴趣，这时候你怎么办？你会在什么时候放弃你的创意？

诚实地讲，审看创意的企业大多数都会拒绝你的创意，在获得成功之前总要多次尝试。例如你向 10 家公司提交了创意，得到的答复都是拒绝，那么在联系次选名单上的企业时，你需要重新评估你的创意以确定是否应该在修改后再次提交，或者放弃。

我建议你询问企业为什么拒绝你的创意。对方告诉过你是因为你的创意目前不适合生产或不适合该产品类别或产业吗？或者因为你的创意在技术上或成本上难以生产？对方说过创意的技术是太先进还是太落伍？有没有给你提改进创意的建议？对方为你的创意推荐了适合的企业、产品类别和行业吗？

业内专家是另外一个帮助你分析被企业拒绝原因的信息途径，告诉你也许是因为市场环境已经发生了很大变化，也许是现在市场不景气。参加贸易展会、阅读贸易刊物、和业内专家交谈、研究市场将帮助你理解市场和创意的可营销性。

你可以依靠获取的信息修改创意，然后重新提交给拒绝了你的企业或其他潜在授权对象。有时你需要的是不断地尝试——如果你已经提交给了 3 家企业，那么把它扩大到 5 家；如果你已经提交给了 5 家企业，那么再找 10 家企业；假如你已经尝试过了候选名单上的所有中型企业，那么试试大企业和小企业。如果创意的技术和市场基础是稳固的，你也相信自己的创意，你只需不断地寻找买家，直到耗尽所有的选择为止。

有时退一步看看自己所做的努力，你会清楚地发现自己是在完成不可能的完成任务。这时应该放弃现在的创意，寻求其他灵感。企业不指望所有的创意都转化为产品，你也应该如此。

不要像一些书呆子花费数千美元年复一年地"发明"没法生产也没有市场的东西，不要坚持不现实或企业不愿意购买的创意。明智地取舍，把才智和时间放在市场需要的创意上。众多企业愿意、能够也渴望获得你的创意。不断创新，收益自然会源源而来！

这场游戏最吸引人的地方是每个人都可以参与。你不需要辞去工作或拥有设计、工程或营销的学位才能加入；你不需要制作精美的模型或申请昂贵的专利；你不需要发明革命性的新技术；你也不需要承担债务，牺牲自由，开办企业生产和营销自己的创意。

任何人都可以按照下面的10个要点发明和授权创意：

（1）研究市场。通过购物、参加贸易展会、与专家交流、咨询导师等途径发现具有巨大市场前景的简单创意。

（2）面向市场创新。利用你的创造力为现有的产品增加新的价值、功能和外观。

（3）证明你的创意。通过调查研究确定市场前景良好而且能以合理的价格点生产。

（4）制造原型。用快速、经济、高效的方法制造产品模型或其他形式的视觉展示。

（5）撰写一句价值陈述。以一句简洁动人的语句向潜在授权对象和消费者说明创意的最大价值。

（6）制作一张宣传单。在一页广告上向潜在授权对象说明创意的主要价值，并带有产品的视觉展示。

（7）保护你的创意。只需花费110美元提出临时性专利申请就可以保护你的创意。

（8）说服企业。通过掌握电话推介的技巧打开企业的大门，把创意展现给潜在授权对象。

（9）促成双赢的交易。使用正确的信息和正确的态度与潜在授权对象达成特许经营协议。

（10）让创意和收益源源而来。和企业形成伙伴关系，监督企业，开始新的创意。不断创新，不断为创意寻找买家。

致谢 ACKNOWLEDGMENTS

首先，感谢我的妻子珍妮丝一直鼓励我追寻自己的梦想。对我来说，没有比这更珍贵的礼物了。我知道和我这样一个彼得·潘（苏格兰小说家詹姆斯·巴利笔下一个拒绝长大的小孩子——译者注）式的伴侣一起生活是一件多么不轻松的事情。你是我最迷人、最聪慧、最美丽的爱人。我还要感谢我的孩子们，这些年来的隐忍。你们的父亲没有一份传统意义上的工作，但你们总是耐心地与我一起度过艰辛的岁月。我为你们感到自豪，为你们所取得的成绩而骄傲。

詹姆斯·塞亨（James Shehan），感谢你让我行止有度。你是我忠实的助手和朋友。我想不出谁会像你一样具备如此多的技艺和天分，也总为你表露出的才华而折服。你总要迁就我——这恐怕是最有挑战性的任务了！期望我们下一个十年还能在一起工作。

我要感谢我的商业伙伴——安德鲁·科鲁兹（Andrew Krauss），是你帮助我踏上这一旅程。我倾慕你的奉献精神，你对创新社区作出了卓越的贡献，我感谢你所做的一切。

琳达·普罗科，感谢你成为我的第一个学生，感谢你在这些年里对我的信任和支持。你已经成为我真正的朋友。

我的老师——斯蒂文·阿斯廷给了我极大的帮助。在我创业之初，是你为我打开了成功之门，尽管那时每个人都认为我疯了，只有你坚信我的选择。你的指导和鼓励给了我信心。你总是那样全身心投入地指引着他人前进。谢谢你！

蒂姆·费里斯，感谢你把我的思想传播到了世界各地。在此不胜言表。

感谢的我经纪人——科斯坦·涅霍兹（Kirsten Neuhaus），是你辅导我进行写作，直到完成本书。

感谢我的编辑——加里·克雷布斯（Gary Krebs）。你理解我的思路，帮助我潜心研究材料。你是真正具有职业素养的人。

科林·希尔（Colleen Sell），你的工作已经超出了作为协作者的范畴。你对这份工作和我的意图有着清晰的理解。感谢你成为我们团队中不可或缺的一分子。

感谢我的岳父——约翰·廷鲍（John Kimball）。尽管你对我要求苛刻，但我知道你一直是我最有力的支持者。你待我就像自己的孩子，我多么想念我们每周五在一起的促膝夜话。感谢你的睿智！

最后，我要感谢我的父亲。我一直身体力行着你教授给我的商业理念，并和我的学生们一同分享它。没有你的教导，就没有我今日的成功。父亲，我遵循了心灵的指引。生命虽如流云飞雨，我愿乐享其炫美。